Gola · Hümmerich · Kerstan
Datenschutzrecht

Teil 1: Das Bundesdatenschutzgesetz · Verfassungsrechtlicher Datenschutz
Internationaler Datenschutz

EDV und Recht

Band 10 Teil 1

Herausgegeben von

Prof. Dr. jur. Dr. rer. nat. Herbert Fiedler, Bonn

1977

J. Schweitzer Verlag Berlin

Datenschutzrecht

Erläuterte Rechtsvorschriften und Materialien zum Datenschutz

Teil 1: Das Bundesdatenschutzgesetz · Verfassungsrechtlicher Datenschutz · Internationaler Datenschutz

von

Peter Gola
Klaus Hümmerich
Uwe Kerstan

mit einem Vorwort von
Professor Dr. jur. Dr. rer. nat. Herbert Fiedler

1977

J. Schweitzer Verlag Berlin

Peter Gola
Leiter der Personalabteilung der Gesellschaft für Mathematik und Datenverarbeitung, Schloß Birlinghoven, 5205 St. Augustin

Klaus Hümmerich
Wissenschaftlicher Mitarbeiter der Gesellschaft für Mathematik und Datenverarbeitung, Schloß Birlinghoven, 5205 St. Augustin

Uwe Kerstan
Wissenschaftlicher Angestellter der Gesellschaft für Mathematik und Datenverarbeitung, Schloß Birlinghoven, 5205 St. Augustin

Professor Dr. jur. Dr. rer. nat. Herbert Fiedler
Universität Bonn · Gesellschaft für Mathematik und Datenverarbeitung, Schloß Birlinghoven, 5205 St. Augustin

Teil 2: Einzelvorschriften des Bundes zum Datenschutz
Teil 3: Datenschutzrecht der Länder
Teil 4: Datenschutz in der Praxis

Zitiervorschlag: Gola/Hümmerich/Kerstan, Datenschutzrecht, S. ...

CIP-Kurztitelaufnahme der Deutschen Bibliothek

Gola, Peter
Datenschutzrecht : erl. Rechtsvorschr. u. Materialien zum Datenschutz / von Peter Gola u. Klaus Hümmerich u. Uwe Kerstan. – Berlin : Schweitzer.
NE: Hümmerich, Klaus:; Kerstan, Uwe:
Teil 1. Das Bundesdatenschutzgesetz; Verfassungsrechtlicher Datenschutz; Internationaler Datenschutz. – 1. Aufl. – 1977.
(EDV und Recht ; Bd. 10)
ISBN 3-8059-0492-4

Satz: Fotosatz Tutte, Salzweg-Passau · Druck: Karl Gerike, Berlin
Bindearbeiten: Dieter Mikolai, Berlin. Printed in Germany

Vorwort

Die hier begonnene Sammlung zum Datenschutzrecht (erläuterte Rechtsvorschriften und Materialien) soll für die Realisierung des Datenschutzes in der Bundesrepublik eine Hilfe bieten. Das Unternehmen einer solchen Sammlung zeigt die Verbreitung, mit welcher datenschutzrechtliche Vorschriften auch außerhalb der eigentlichen „Datenschutzgesetze" in unserer Rechtsordnung auftreten. Abgesehen von diesem Aufweis ist der Anspruch hier jedoch nicht derjenige einer dogmatischen Vertiefung. Vorzugsweise soll vielmehr all denen, die sich mit der Praxis des Datenschutzes befassen, ein Überblick geboten werden – eine sowohl im Hinblick auf § 45 BDSG wie auch für das Verhältnis zwischen Bundes- und Landesrecht sehr wichtige Aufgabe.
Das Bundesdatenschutzgesetz (BDSG) ist ein Markstein in der Geschichte des Datenschutzes, jedoch keineswegs etwa der einzige Inhalt des Datenschutzrechts. Einschließlich seiner verfassungsrechtlichen Fundierung ist der Datenschutz eine Querschnittsmaterie des Rechts, welche nur bisher einen einheitlichen Namen nicht gefunden hatte. Nach der (sprachlich gesehen anerkannt mißverständlichen) Bezeichnung „Datenschutz" und dem Erlaß sogenannter Gesetze ist die einheitsstiftende Namengebung vollzogen.
Inhaltlich handelt es sich um den Schutz der Person vor gewissen Arten der Verwendung auf sie bezogener Daten (im BDSG als „Mißbrauch" bezeichnet), sei die Verwendung nun manuell oder maschinell. Sprachlich einleuchtender könnte man statt von „Datenschutz" eher von „Verdatungsschutz" reden: Schutz der Person gegen die Verwendung datenartig normierter Elemente für personenbezogene Aussagen in bestimmten Zusammenhängen. Man sieht, wie delikat die gesamte Materie ist: Sie impliziert insbesondere Beschränkungen der Effizienz sozialer Kontrolle und Steuerung. Datenschutz ist ein Gebiet des Konfliktes vielgestaltiger, je für sich durchaus legitimer gesellschaftlicher Interessen und Zielsetzungen. Besonders für die maschinelle Datenverarbeitung verlangen diese Konflikte nach einer operationalisierbaren Regelung, welche wohl überhaupt nur dezisionistisch (positiv-rechtlich) möglich ist.
In diesem Sinne ist die hier unternommene Materialiensammlung zum Datenschutz zu verstehen: Als Zusammenstellung rechtlicher Regelungen einer Materie, welche deswegen in eine Vielzahl von Einzelregelungen zerfällt, weil plausible einheitliche Lösungsformeln kaum existieren. So werden zusammengestellt:

- Im ersten Teil das BDSG mit seinem verfassungsrechtlichen Hintergrund und einigen übernationalen Rahmenkonzepten
- Im zweiten Teil datenschutzrelevante Einzelvorschriften des Bundesrechts aus den Gebieten des Zivilrechts, Arbeits- und Sozialrechts, des öffentlichen Rechts und des Strafrechts
- Im dritten Teil die Datenschutzregelungen der Länder der Bundesrepublik

- Im vierten Teil spezielle Folgerungen und Hinweise für die Durchführung des Datenschutzes in der Praxis.

Den Erfahrungshintergrund der Autoren bildet ihre Arbeit in der GMD (Gesellschaft für Mathematik und Datenverarbeitung mbH, Bonn). Die GMD muß sich einerseits in ihrer eigenen Alltagspraxis als datenverarbeitende Institution mit Datenschutzfragen befassen. Andererseits führt die GMD i. S. ihres wissenschaftlichen Auftrags auf dem Gebiet des Datenschutzes Forschungsprojekte durch, insbesondere in ihrem Institut für Datenverarbeitung im Rechtswesen (IDR).

Ich hoffe mit den Autoren, daß die hiermit begonnene Sammlung der Praxis des Datenschutzes eine Hilfe sein wird.

Bonn, 1. 6. 1977 H. FIEDLER

Inhaltsverzeichnis

Abkürzungsverzeichnis

aA	anderer Ansicht
aaO.	am angegebenen Ort
Abs.	Absatz
ADV	Automatische Datenverarbeitung
Anm.	Anmerkung
Art.	Artikel
ASiG	Arbeitssicherheitsgesetz
Az	Aktenzeichen
BAT	Bundesangestelltentarif
BB	Betriebsberater
BDSG	Bundesdatenschutzgesetz
BGBl	Bundesgesetzblatt
BetrVG	Betriebsverfassungsgesetz
Betr	Der Betrieb
BGB	Bürgerliches Gesetzbuch
BGHZ	Entscheidungen des Bundesgerichtshofes in Zivilsachen
BR	Bundesrat
BT	Bundestag
BVerfG	Bundesverfassungsgericht
BVerfGE	Entscheidungssammlung des Bundesverfassungsgerichtes
BVerwGE	Bundesverwaltungsgerichtsentscheidung
ders.	derselbe
d. h.	das heißt
DÖV	Die öffentliche Verwaltung
DSB	Datenschutzbeauftragter
DSWR	Datenverarbeitung in Steuer, Wirtschaft und Recht
Drs.	Drucksache
DVBl	Deutsches Verwaltungsblatt
DVR	Datenverarbeitung im Recht
DV	Datenverarbeitung
EBDSG	Entwurf eines Bundesdatenschutzgesetzes
EDV	Elektronische Datenverarbeitung
FAZ	Frankfurter Allgemeine Zeitung
GDD	Gesellschaft für Datenschutz und Datensicherung
GG	Grundgesetz
ggf.	gegebenenfalls
GWG	Gesetz gegen unlauteren Wettbewerb
GVBl	Gesetz- und Verordnungsblatt
Hess LT	Hessischer Landtag
Hrsg.	Herausgeber
i.V.m.	in Verbindung mit
JuS	Juristische Schulung
JZ	Juristenzeitung
KEDV	Kommission für Fragen der elektronischen Datenverarbeitung
MDR	Monatsschrift des Deutschen Rechts
MRK	Europäische Menschenrechtskonvention
NJW	Neue Juristische Wochenschrift
ÖVD	Öffentliche Verwaltung und Datenverarbeitung

OWiG	Ordnungswidrigkeitengesetz
OVG	Oberverwaltungsgericht
OVGE	Entscheidungssammlung der Oberverwaltungsgerichte
s.	siehe
SchwbHG	Schwerbehindertengesetz
StGB	Strafgesetzbuch
u. a.	unter anderem
u. ä.	und ähnliches
u. U.	unter Umständen
VerwArch	Verwaltungsarchiv
vgl.	vergleiche
VG	Verwaltungsgericht
VwGO	Verwaltungsgerichtsordnung
VwVfG	Verwaltungsverfahrensgesetz
z. B.	zum Beispiel
ZBR	Zeitschrift für Beamtenrecht
ZPO	Zivilprozeßordnung
ZRP	Zeitschrift für Rechtspolitik

1. Kapitel: Das Bundesdatenschutzgesetz

I. Gesetzestext des BDSG

Gesetz zum Schutz vor Mißbrauch personenbezogener Daten bei der Datenverarbeitung (Bundesdatenschutzgesetz – BDSG) vom 27. Januar 1977

Inhaltsübersicht

Vierter Abschnitt: Geschäftsmäßige Datenverarbeitung nicht-öffentlicher Stellen für fremde Zwecke

Fünfter Abschnitt: Straf- und Bußgeldvorschriften

Sechster Abschnitt: Übergangs- und Schlußvorschriften

Der Bundestag hat mit Zustimmung des Bundesrates das folgende Gesetz beschlossen:

Erster Abschnitt: Allgemeine Vorschriften

§ 1: Aufgabe und Gegenstand des Datenschutzes

(1) Aufgabe des Datenschutzes ist es, durch den Schutz personenbezogener Daten vor Mißbrauch bei ihrer Speicherung, Übermittlung, Veränderung und Löschung (Datenverarbeitung) der Beeinträchtigung schutzwürdiger Belange der Betroffenen entgegenzuwirken.
(2) Dieses Gesetz schützt personenbezogene Daten, die
1. von Behörden oder sonstigen öffentlichen Stellen (§ 7),
2. von natürlichen oder juristischen Personen, Gesellschaften oder anderen Personenvereinigungen des privaten Rechts für eigene Zwecke (§ 22),
3. von natürlichen oder juristischen Personen, Gesellschaften oder anderen Personenvereinigungen des privaten Rechts geschäftsmäßig für fremde Zwecke (§ 31)

in Dateien gespeichert, verändert, gelöscht oder aus Dateien übermittelt werden. Für personenbezogene Daten, die nicht zur Übermittlung an Dritte bestimmt sind und in nicht automatisierten Verfahren verarbeitet werden, gilt von den Vorschriften dieses Gesetzes nur § 6.
(3) Dieses Gesetz schützt personenbezogene Daten nicht, die durch Unternehmen oder Hilfsunternehmen der Presse, des Rundfunks oder des Films ausschließlich zu eigenen publizistischen Zwecken verarbeitet werden; § 6 Abs. 1 bleibt unberührt.

§ 2: Begriffsbestimmungen

(1) Im Sinne dieses Gesetzes sind personenbezogene Daten Einzelangaben über persönliche oder sachliche Verhältnisse einer bestimmten oder bestimmbaren natürlichen Person (Betroffener).

(2) Im Sinne dieses Gesetzes ist

1. Speichern (Speicherung) das Erfassen, Aufnehmen oder Aufbewahren von Daten auf einem Datenträger zum Zwecke ihrer weiteren Verwendung,
2. Übermitteln (Übermittlung) das Bekanntgeben gespeicherter oder durch Datenverarbeitung unmittelbar gewonnener Daten an Dritte in der Weise, daß die Daten durch die speichernde Stelle weitergegeben oder zur Einsichtnahme, namentlich zum Abruf bereitgehalten werden,
3. Verändern (Veränderung) das inhaltliche Umgestalten gespeicherter Daten,
4. Löschen (Löschung) das Unkenntlichmachen gespeicherter Daten,

ungeachtet der dabei angewendeten Verfahren.

(3) Im Sinne dieses Gesetzes ist

1. speichernde Stelle jede der in § 1 Abs. 2 Satz 1 genannten Personen oder Stellen, die Daten für sich selbst speichert oder durch andere speichern läßt,
2. Dritter jede Person oder Stelle außerhalb der speichernden Stelle, ausgenommen der Betroffene oder diejenigen Personen und Stellen, die in den Fällen der Nummer 1 im Geltungsbereich dieses Gesetzes im Auftrag tätig werden,
3. eine Datei eine gleichartig aufgebaute Sammlung von Daten, die nach bestimmten Merkmalen erfaßt und geordnet, nach anderen bestimmten Merkmalen umgeordnet und ausgewertet werden kann, ungeachtet der dabei angewendeten Verfahren; nicht hierzu gehören Akten und Aktensammlungen, es sei denn, daß sie durch automatisierte Verfahren umgeordnet und ausgewertet werden können.

§ 3: Zulässigkeit der Datenverarbeitung

Die Verarbeitung personenbezogener Daten, die von diesem Gesetz geschützt werden, ist in jeder ihrer in § 1 Abs. 1 genannten Phasen nur zulässig, wenn

1. dieses Gesetz oder eine andere Rechtsvorschrift sie erlaubt oder
2. der Betroffene eingewilligt hat.

Die Einwilligung bedarf der Schriftform, soweit nicht wegen besonderer Umstände eine andere Form angemessen ist; wird die Einwilligung zusammen mit anderen Erklärungen schriftlich erteilt, ist der Betroffene hierauf schriftlich besonders hinzuweisen.

§ 4: Rechte des Betroffenen

Jeder hat nach Maßgabe dieses Gesetzes ein Recht auf

1. Auskunft über die zu seiner Person gespeicherten Daten,
2. Berichtigung der zu seiner Person gespeicherten Daten, wenn sie unrichtig sind,
3. Sperrung der zu seiner Person gespeicherten Daten, wenn sich weder deren Richtigkeit noch deren Unrichtigkeit feststellen läßt oder nach Wegfall der ursprünglich erfüllten Voraussetzungen für die Speicherung,
4. Löschung der zu seiner Person gespeicherten Daten, wenn ihre Speicherung unzulässig war oder – wahlweise neben dem Recht auf Sperrung – nach Wegfall der ursprünglich erfüllten Voraussetzungen für die Speicherung.

§ 5: Datengeheimnis

(1) Den im Rahmen des § 1 Abs. 2 oder im Auftrag der dort genannten Personen oder Stellen bei der Datenverarbeitung beschäftigten Personen ist untersagt, geschützte personenbezogene Daten unbefugt zu einem anderen als dem zur jeweiligen rechtmäßigen Aufgabener-

füllung gehörenden Zweck zu verarbeiten, bekanntzugeben, zugänglich zu machen oder sonst zu nutzen.
(2) Diese Personen sind bei der Aufnahme ihrer Tätigkeit nach Maßgabe von Absatz 1 zu verpflichten. Ihre Pflichten bestehen auch nach Beendigung ihrer Tätigkeit fort.

§ 6: Technische und organisatorische Maßnahmen

(1) Wer im Rahmen des § 1 Abs. 2 oder im Auftrag der dort genannten Personen oder Stellen personenbezogene Daten verarbeitet, hat die technischen und organisatorischen Maßnahmen zu treffen, die erforderlich sind, um die Ausführung der Vorschriften dieses Gesetzes, insbesondere die in der Anlage zu diesem Gesetz genannten Anforderungen zu gewährleisten. Erforderlich sind Maßnahmen nur, wenn ihr Aufwand in einem angemessenen Verhältnis zu dem angestrebten Schutzzweck steht.
(2) Die Bundesregierung wird ermächtigt, durch Rechtsverordnung mit Zustimmung des Bundesrates die in der Anlage genannten Anforderungen nach dem jeweiligen Stand der Technik und Organisation fortzuschreiben. Stand der Technik und Organisation im Sinne dieses Gesetzes ist der Entwicklungsstand fortschrittlicher Verfahren, Einrichtungen oder Betriebsweisen, der die praktische Eignung einer Maßnahme zur Gewährleistung der Durchführung dieses Gesetzes gesichert erscheinen läßt. Bei der Bestimmung des Standes der Technik und Organisation sind insbesondere vergleichbare Verfahren, Einrichtungen oder Betriebsweisen heranzuziehen, die mit Erfolg im Betrieb erprobt worden sind.

Zweiter Abschnitt: Datenverarbeitung der Behörden und sonstigen öffentlichen Stellen

§ 7: Anwendungsbereich

(1) Die Vorschriften dieses Abschnittes gelten für Behörden und sonstige öffentliche Stellen des Bundes, der bundesunmittelbaren Körperschaften, Anstalten und Stiftungen des öffentlichen Rechts sowie für Vereinigungen solcher Körperschaften, Anstalten und Stiftungen. Für öffentlich-rechtliche Unternehmen, die am Wettbewerb teilnehmen, gelten von den Vorschriften dieses Abschnittes jedoch nur die §§ 15 bis 21.
(2) Soweit der Datenschutz nicht durch Landesgesetz geregelt ist, gelten die Vorschriften dieses Abschnittes mit Ausnahme der §§ 15 bis 21 auch für
1. Behörden und sonstige öffentliche Stellen der Länder, der Gemeinden und Gemeindeverbände und der sonstigen der Aufsicht des Landes unterstehenden juristischen Personen des öffentlichen Rechts und für deren Vereinigungen, soweit sie Bundesrecht ausführen,
2. Behörden und sonstige öffentliche Stellen der Länder, soweit sie als Organe der Rechtspflege tätig werden, ausgenommen in Verwaltungsangelegenheiten.

Für öffentlich-rechtliche Unternehmen, die am Wettbewerb teilnehmen und soweit sie die Voraussetzungen von Satz 1 Nr. 1 erfüllen, gelten die Vorschriften dieses Abschnittes nicht.
(3) Abweichend von den Absätzen 1 und 2 gelten anstelle der §§ 9 bis 14 die §§ 23 bis 27 entsprechend, soweit die Datenverarbeitung frühere, bestehende oder zukünftige dienst- oder arbeitsrechtliche Rechtsverhältnisse betrifft.

§ 8: Verarbeitung personenbezogener Daten im Auftrag

(1) Die Vorschriften dieses Abschnittes gelten für die in § 7 Abs. 1 und 2 genannten Stellen auch insoweit, als personenbezogene Daten in deren Auftrag durch andere Personen oder Stellen verarbeitet werden. In diesen Fällen ist der Auftragnehmer unter besonderer Berücksichtigung der Eignung der von ihm getroffenen technischen und organisatorischen Maßnahmen (§ 6 Abs. 1) sorgfältig auszuwählen.

(2) Die Vorschriften dieses Abschnittes gelten mit Ausnahme der §§ 15 bis 21 nicht für die in § 7 Abs. 1 und 2 genannten Stellen, soweit sie personenbezogene Daten im Auftrag verarbeiten. In diesen Fällen ist die Verarbeitung personenbezogener Daten in jeder ihrer in § 1 Abs. 1 genannten Phasen nur im Rahmen der Weisungen des Auftraggebers zulässig.
(3) Für juristische Personen, Gesellschaften und andere Personenvereinigungen des privaten Rechts, bei denen dem Bund oder einer bundesunmittelbaren Körperschaft, Anstalt oder Stiftung des öffentlichen Rechts die Mehrheit der Anteile gehört oder die Mehrheit der Stimmen zusteht, gelten die §§ 15 bis 21 entsprechend, soweit diese Personen oder Personenvereinigungen in den Fällen des Absatzes 1 Satz 1 im Auftrag tätig werden.

§ 9: Datenspeicherung und -veränderung

(1) Das Speichern und das Verändern personenbezogener Daten ist zulässig, wenn es zur rechtmäßigen Erfüllung der in der Zuständigkeit der speichernden Stelle liegenden Aufgaben erforderlich ist.
(2) Werden Daten beim Betroffenen auf Grund einer Rechtsvorschrift erhoben, dann ist er auf sie, sonst auf die Freiwilligkeit seiner Angaben hinzuweisen.

§ 10: Datenübermittlung innerhalb des öffentlichen Bereichs

(1) Die Übermittlung personenbezogener Daten an Behörden und sonstige öffentliche Stellen ist zulässig, wenn sie zur rechtmäßigen Erfüllung der in der Zuständigkeit der übermittelnden Stelle oder des Empfängers liegenden Aufgaben erforderlich ist. Unterliegen die personenbezogenen Daten einem Berufs- oder besonderen Amtsgeheimnis (§ 45 Satz 2 Nr. 1, Satz 3) und sind sie der übermittelnden Stelle von der zur Verschwiegenheit verpflichteten Person in Ausübung ihrer Berufs- oder Amtspflicht übermittelt worden, ist für die Zulässigkeit der Übermittlung ferner erforderlich, daß der Empfänger die Daten zur Erfüllung des gleichen Zweckes benötigt, zu dem sie die übermittelnde Stelle erhalten hat.
(2) Die Übermittlung personenbezogener Daten an Stellen der öffentlich-rechtlichen Religionsgesellschaften ist in entsprechender Anwendung der Vorschriften über die Datenübermittlung an Behörden und sonstige öffentliche Stellen zulässig, sofern sichergestellt ist, daß bei dem Empfänger ausreichende Datenschutzmaßnahmen getroffen werden.

§ 11: Datenübermittlung an Stellen außerhalb des öffentlichen Bereichs

Die Übermittlung personenbezogener Daten an Personen und an andere Stellen als die in § 10 bezeichneten ist zulässig, wenn sie zur rechtmäßigen Erfüllung der in der Zuständigkeit der übermittelnden Stelle liegenden Aufgaben erforderlich ist oder soweit der Empfänger ein berechtigtes Interesse an der Kenntnis der zu übermittelnden Daten glaubhaft macht und dadurch schutzwürdige Belange des Betroffenen nicht beeinträchtigt werden. Unterliegen die personenbezogenen Daten einem Berufs- oder besonderen Amtsgeheimnis (§ 45 Satz 2 Nr. 1, Satz 3) und sind sie der übermittelnden Stelle von der zur Verschwiegenheit verpflichteten Person in Ausübung ihrer Berufs- oder Amtspflicht übermittelt worden, ist für die Zulässigkeit der Übermittlung ferner erforderlich, daß die gleichen Voraussetzungen gegeben sind, unter denen sie die zur Verschwiegenheit verpflichtete Person übermitteln dürfte. Für die Übermittlung an Behörden und sonstige Stellen außerhalb des Geltungsbereichs dieses Gesetzes sowie an über- und zwischenstaatliche Stellen finden die Sätze 1 und 2 nach Maßgabe der für diese Übermittlung geltenden Gesetze und Vereinbarungen Anwendung.

§ 12: Veröffentlichung über die gespeicherten Daten

(1) Behörden und sonstige öffentliche Stellen geben
1. die Art der von ihnen oder in ihrem Auftrag gespeicherten personenbezogenen Daten,
2. die Aufgaben, zu deren Erfüllung die Kenntnis dieser Daten erforderlich ist,

3. den betroffenen Personenkreis,
4. die Stellen, an die sie personenbezogene Daten regelmäßig übermitteln sowie
5. die Art der zu übermittelnden Daten

unverzüglich nach der ersten Einspeicherung in dem für ihren Bereich bestehenden Veröffentlichungsblatt für amtliche Bekanntmachungen bekannt. Auf Antrag sind dem Betroffenen die bisherigen Bekanntmachungen zugänglich zu machen.

(2) Absatz 1 gilt nicht

1. für die Behörden für Verfassungsschutz, den Bundesnachrichtendienst, den militärischen Abschirmdienst sowie andere Behörden des Bundesministers der Verteidigung, soweit die Sicherheit des Bundes berührt wird, das Bundeskriminalamt, die Behörden der Staatsanwaltschaft und der Polizei sowie für Bundes- und Landesfinanzbehörden, soweit sie personenbezogene Daten in Erfüllung ihrer gesetzlichen Aufgaben im Anwendungsbereich der Abgabenordnung zur Überwachung und Prüfung in Dateien speichern,
2. für die personenbezogenen Daten, die deshalb nach § 14 Abs. 2 Satz 2 gesperrt sind, weil sie auf Grund gesetzlicher Aufbewahrungsvorschriften nicht nach § 14 Abs. 3 Satz 1 gelöscht werden dürfen,
3. für gesetzlich vorgeschriebene Register oder sonstige auf Grund von Rechts- oder veröffentlichen Verwaltungsvorschriften zu führende Dateien, soweit die Art der in ihnen gespeicherten personenbezogenen Daten, die Aufgaben, zu deren Erfüllung die Kenntnis dieser Daten erforderlich ist, der betroffene Personenkreis, die Stellen, an die personenbezogenen Daten regelmäßig übermittelt werden, sowie die Art der zu übermittelnden Daten in Rechts- oder veröffentlichten Verwaltungsvorschriften festgelegt sind.

(3) Die Bundesregierung wird ermächtigt, durch Rechtsverordnung, die nicht der Zustimmung des Bundesrates bedarf, für die in § 7 Abs. 1 Satz 1 genannten Behörden und sonstigen öffentlichen Stellen das Veröffentlichungsblatt sowie das Verfahren der Veröffentlichung zu bestimmen. Die Landesregierungen werden ermächtigt, durch Rechtsverordnung für die in § 7 Abs. 2 Satz 1 genannten Behörden und sonstigen öffentlichen Stellen das Veröffentlichungsblatt sowie das Verfahren der Veröffentlichung zu bestimmen.

§ 13: Auskunft an den Betroffenen

(1) Dem Betroffenen ist auf Antrag Auskunft über die zu seiner Person gespeicherten Daten zu erteilen. In dem Antrag soll die Art der personenbezogenen Daten, über die Auskunft erteilt werden soll, näher bezeichnet werden. Die speichernde Stelle bestimmt das Verfahren, insbesondere die Form der Auskunftserteilung nach pflichtgemäßen Ermessen.

(2) Absatz 1 gilt nicht in den Fällen des § 12 Abs. 2 Nr. 1 und 2.

(3) Die Auskunftserteilung unterbleibt, soweit

1. die Auskunft die rechtmäßige Erfüllung der in der Zuständigkeit der speichernden Stelle liegenden Aufgaben gefährden würde,
2. die Auskunft die öffentliche Sicherheit oder Ordnung gefährden oder sonst dem Wohle des Bundes oder eines Landes Nachteile bereiten würde,
3. die personenbezogenen Daten oder die Tatsache ihrer Speicherung nach einer Rechtsvorschrift oder ihrem Wesen nach, namentlich wegen der überwiegenden berechtigten Interessen einer dritten Person, geheimgehalten werden müssen,
4. die Auskunft sich auf die Übermittlung personenbezogener Daten an die in § 12 Abs. 2 Nr. 1 genannten Behörden bezieht.

(4) Die Auskunftserteilung ist gebührenpflichtig. Die Bundesregierung wird ermächtigt, durch Rechtsverordnung mit Zustimmung des Bundesrates die gebührenpflichtigen Tatbestände und die Höhe der Gebühr näher zu bestimmen sowie Ausnahmen von der Gebührenpflicht zuzulassen. Die Gebühren dürfen nur zur Deckung des unmittelbar auf Amtshandlungen dieser Art entfallenden Verwaltungsaufwandes erhoben werden. Ausnahmen von der Gebührenpflicht sind insbesondere in den Fällen zuzulassen, in denen durch besondere Umstände die Annahme gerechtfertigt wird, daß personenbezogene Daten unrichtig oder unzulässig gespeichert werden, oder in denen die Auskunft zur Berichtigung oder Löschung

gespeicherter personenbezogener Daten geführt hat. Im übrigen findet das Verwaltungskostengesetz Anwendung.

§ 14: Berichtigung, Sperrung und Löschung von Daten

(1) Personenbezogene Daten sind zu berichtigen, wenn sie unrichtig sind.
(2) Personenbezogene Daten sind zu sperren, wenn ihre Richtigkeit vom Betroffenen bestritten wird und sich weder die Richtigkeit noch die Unrichtigkeit feststellen läßt. Sie sind ferner zu sperren, wenn ihre Kenntnis für die speichernde Stelle zur rechtmäßigen Erfüllung der in ihrer Zuständigkeit liegenden Aufgaben nicht mehr erforderlich ist. Gesperrte Daten sind mit einem entsprechenden Vermerk zu versehen; sie dürfen nicht mehr verarbeitet, insbesondere übermittelt, oder sonst genutzt werden, es sei denn, daß die Nutzung zu wissenschaftlichen Zwecken, zur Behebung einer bestehenden Beweisnot oder aus sonstigen im überwiegenden Interesse der speichernden Stelle oder eines Dritten liegenden Gründen unerläßlich ist oder der Betroffene in die Nutzung eingewilligt hat.
(3) Personenbezogene Daten können gelöscht werden, wenn ihre Kenntnis für die speichernde Stelle zur rechtmäßigen Erfüllung der in ihrer Zuständigkeit liegenden Aufgaben nicht mehr erforderlich ist und kein Grund zu der Annahme besteht, daß durch die Löschung schutzwürdige Belange des Betroffenen beeinträchtigt werden. Sie sind zu löschen, wenn ihre Speicherung unzulässig war oder wenn es in den Fällen des Absatzes 2 Satz 2 der Betroffene verlangt.

§ 15: Durchführung des Datenschutzes in der Bundesverwaltung

Die obersten Bundesbehörden, der Vorstand der Deutschen Bundesbahn sowie die bundesunmittelbaren Körperschaften, Anstalten und Stiftungen des öffentlichen Rechts, über die von einer obersten Bundesbehörde lediglich Rechtsaufsicht ausgeübt wird, haben jeweils für ihren Geschäftsbereich die Ausführung dieses Gesetzes sowie anderer Rechtsvorschriften über den Datenschutz sicherzustellen. Sie haben insbesondere dafür zu sorgen, daß

1. eine Übersicht über die Art der gespeicherten personenbezogenen Daten und über die Aufgaben, zu deren Erfüllung die Kenntnis dieser Daten erforderlich ist, sowie über deren regelmäßige Empfänger geführt und
2. die ordnungsgemäße Anwendung der Datenverarbeitungsprogramme, mit deren Hilfe personenbezogene Daten verarbeitet werden sollen, überwacht wird.

§ 16: Allgemeine Verwaltungsvorschriften

Die obersten Bundesbehörden und der Vorstand der Deutschen Bundesbahn erlassen jeweils für ihren Geschäftsbereich allgemeine Verwaltungsvorschriften, die die Ausführung dieses Gesetzes, bezogen auf die besonderen Verhältnisse in dem jeweiligen Geschäftsbereich und die sich daraus ergebenden besonderen Erfordernisse für den Datenschutz, regeln.

§ 17: Bestellung eines Bundesbeauftragten für den Datenschutz

(1) Es ist ein Bundesbeauftragter für den Datenschutz zu bestellen. Der Bundesbeauftragte wird auf Vorschlag der Bundesregierung vom Bundespräsidenten ernannt. Er muß bei seiner Ernennung das 35. Lebensjahr vollendet haben.
(2) Der Bundesbeauftragte leistet vor dem Bundesminister des Innern folgenden Eid:
„Ich schwöre, daß ich meine Kraft dem Wohle des deutschen Volkes widmen, seinen Nutzen mehren, Schaden von ihm wenden, das Grundgesetz und die Gesetze des Bundes wahren und verteidigen, meine Pflichten gewissenhaft erfüllen und Gerechtigkeit gegen jedermann üben werde. So wahr mir Gott helfe."
Der Eid kann auch ohne religiöse Beteuerung geleistet werden.

(3) Die Amtszeit des Bundesbeauftragten beträgt fünf Jahre. Einmalige Wiederbestellung ist zulässig.
(4) Der Bundesbeauftragte steht nach Maßgabe dieses Gesetzes zum Bund in einem öffentlich-rechtlichen Amtsverhältnis. Er ist in Ausübung seines Amtes unabhängig und nur dem Gesetz unterworfen. Er untersteht der Rechtsaufsicht der Bundesregierung.
(5) Der Bundesbeauftragte wird beim Bundesminister des Innern eingerichtet. Er untersteht der Dienstaufsicht des Bundesministers des Innern. Dem Bundesbeauftragten ist die für die Erfüllung seiner Aufgaben notwendige Personal- und Sachausstattung zur Verfügung zu stellen; sie ist im Einzelplan des Bundesministers des Innern in einem eigenen Kapitel auszuweisen.
(6) Ist der Bundesbeauftragte vorübergehend an der Ausübung seines Amtes verhindert, kann der Bundesminister des Innern einen Vertreter mit der Wahrnehmung der Geschäfte beauftragen. Der Bundesbeauftragte soll dazu gehört werden.

§ 18: Rechtsstellung des Bundesbeauftragten für den Datenschutz

(1) Das Amtsverhältnis des Bundesbeauftragten für den Datenschutz beginnt mit der Aushändigung der Ernennungsurkunde. Es endet
1. mit Ablauf der Amtszeit,
2. mit der Entlassung.
Der Bundespräsident entläßt den Bundesbeauftragten, wenn dieser es verlangt oder auf Vorschlag der Bundesregierung, wenn Gründe vorliegen, die bei einem Richter auf Lebenszeit die Entlassung aus dem Dienst rechtfertigen. Im Falle der Beendigung des Amtsverhältnisses erhält der Bundesbeauftragte eine vom Bundespräsidenten vollzogene Urkunde. Eine Entlassung wird mit der Aushändigung der Urkunde wirksam. Auf Ersuchen des Bundesministers des Innern ist der Bundesbeauftragte verpflichtet, die Geschäfte bis zur Ernennung seines Nachfolgers weiterzuführen.
(2) Der Bundesbeauftragte darf neben seinem Amt kein anderes besoldetes Amt, kein Gewerbe und keinen Beruf ausüben und weder der Leitung oder dem Aufsichtsrat oder Verwaltungsrat eines auf Erwerb gerichteten Unternehmens noch einer Regierung oder einer gesetzgebenden Körperschaft des Bundes oder eines Landes angehören. Er darf nicht gegen Entgelt außergerichtliche Gutachten abgeben.
(3) Der Bundesbeauftragte hat dem Bundesminister des Innern Mitteilung über Geschenke zu machen, die er in bezug auf sein Amt erhält. Der Bundesminister des Innern entscheidet über die Verwendung der Geschenke.
(4) Der Bundesbeauftragte ist, auch nach Beendigung seines Amtsverhältnisses, verpflichtet, über die ihm amtlich bekanntgewordenen Angelegenheiten Verschwiegenheit zu bewahren. Dies gilt nicht für Mitteilungen im dienstlichen Verkehr oder über Tatsachen, die offenkundig sind oder ihrer Bedeutung nach keiner Geheimhaltung bedürfen. Der Bundesbeauftragte darf, auch wenn er nicht mehr im Amt ist, über solche Angelegenheiten ohne Genehmigung des Bundesministers des Innern weder vor Gericht noch außergerichtlich aussagen oder Erklärungen abgeben. Unberührt bleibt die gesetzlich begründete Pflicht, Straftaten anzuzeigen und bei Gefährdung der freiheitlich demokratischen Grundordnung für deren Erhaltung einzutreten.
(5) Die Genehmigung, als Zeuge auszusagen, soll nur versagt werden, wenn die Aussage dem Wohle des Bundes oder eines deutschen Landes Nachteile bereiten oder die Erfüllung öffentlicher Aufgaben ernstlich gefährden oder erheblich erschweren würde. Die Genehmigung, ein Gutachten zu erstatten, kann versagt werden, wenn die Erstattung den dienstlichen Interessen Nachteile bereiten würde. § 28 des Gesetzes über das Bundesverfassungsgericht in der Fassung der Bekanntmachung vom 3. Februar 1971 (BGBl. I S. 105), geändert durch das Einführungsgesetz zum Strafgesetzbuch vom 2. März 1974 (BGBl. I S. 469), bleibt unberührt.
(6) Der Bundesbeauftragte erhält vom Beginn des Kalendermonats an, in dem das Amts-

verhältnis beginnt, bis zum Schluß des Kalendermonats, in dem das Amtsverhältnis endet, im Falle des Absatzes 1 Satz 6 bis zum Ende des Monats, in dem die Geschäftsführung endet, Amtsbezüge in Höhe der einem Bundesbeamten der Besoldungsgruppe B 9 zustehenden Besoldung. Das Bundesreisekostengesetz und das Bundesumzugskostengesetz sind entsprechend anzuwenden. Im übrigen sind die §§ 13 bis 20 des Bundesministergesetzes in der Fassung der Bekanntmachung vom 27. Juli 1971 (BGBl. I S. 1166), zuletzt geändert durch das Siebente Gesetz zur Änderung beamtenrechtlicher und besoldungsrechtlicher Vorschriften vom 20. Dezember 1974 (BGBl. I S. 3716), mit der Maßgabe anzuwenden, daß an die Stelle der zweijährigen Amtszeit in § 15 Abs. 1 des Bundesministergesetzes eine Amtszeit von fünf Jahren tritt.

§ 19: Aufgaben des Bundesbeauftragten für den Datenschutz

(1) Der Bundesbeauftragte für den Datenschutz kontrolliert die Einhaltung der Vorschriften dieses Gesetzes sowie anderer Vorschriften über den Datenschutz bei den in § 7 Abs. 1 genannten Behörden und sonstigen öffentlichen Stellen des Bundes, ausgenommen die Gerichte, soweit sie nicht in Verwaltungsangelegenheiten tätig werden. Zu diesem Zwecke kann er Empfehlungen zur Verbesserung des Datenschutzes geben, insbesondere kann er die Bundesregierung und einzelne Minister sowie die übrigen in § 7 Abs. 1 genannten Behörden und sonstigen Stellen in Fragen des Datenschutzes beraten.
(2) Auf Anforderung des Deutschen Bundestages oder der Bundesregierung hat der Bundesbeauftragte Gutachten zu erstellen und Berichte zu erstatten. Außerdem erstattet er dem Deutschen Bundestag regelmäßig jährlich, erstmals zum 1. Januar 1979 einen Tätigkeitsbericht. Auf Ersuchen des Deutschen Bundestages, des Petitionsausschusses des Deutschen Bundestages oder der Bundesregierung kann der Bundesbeauftragte ferner Hinweisen auf Angelegenheiten und Vorgänge, die seinen Aufgabenbereich unmittelbar betreffen, nachgehen. Der Beauftragte kann sich jederzeit an den Deutschen Bundestag wenden.
(3) Die in Absatz 1 Satz 1 genannten Behörden und sonstigen Stellen sind verpflichtet, den Bundesbeauftragten und seine Beauftragten bei der Erfüllung ihrer Aufgaben zu unterstützen. Ihnen ist dabei insbesondere
1. Auskunft zu ihren Fragen sowie Einsicht in alle Unterlagen und Akten zu gewähren, die in Zusammenhang mit der Verarbeitung personenbezogener Daten stehen, namentlich in die gespeicherten Daten und in die Datenverarbeitungsprogramme,
2. jederzeit Zutritt in alle Diensträume zu gewähren.

Die Sätze 1 und 2 gelten für die in § 12 Abs. 2 Nr. 1 genannten Bundesbehörden mit der Maßgabe, daß die Unterstützung nur dem Bundesbeauftragten selbst und den von ihm schriftlich besonders damit betrauten Beauftragten zu gewähren ist. Satz 2 gilt für die in § 12 Abs. 2 Nr. 1 genannten Bundesbehörden nicht, soweit die jeweils zuständige oberste Bundesbehörde im Einzelfall feststellt, daß die Einsicht in Unterlagen und Akten die Sicherheit des Bundes oder eines Landes gefährdet.
(4) Der Bundesbeauftragte führt ein Register der automatisch betriebenen Dateien, in denen personenbezogene Daten gespeichert werden. Das Register kann von jedem eingesehen werden. Die in Absatz 1 Satz 1 genannten Behörden und sonstigen Stellen sind verpflichtet, die von ihnen automatisch betriebenen Dateien beim Bundesbauftragten anzumelden. Das Bundesamt für Verfassungsschutz, der Bundesnachrichtendienst und der militärische Abschirmdienst sind von der Meldepflicht ausgenommen. Zu den Dateien der übrigen in § 12 Abs. 2 Nr. 1 genannten Bundesbehörden wird ein besonderes Register geführt. Es beschränkt sich auf eine Übersicht über Art und Verwendungszweck. Satz 2 findet auf dieses Register keine Anwendung. Das Nähere regelt der Bundesminister des Innern durch Rechtsverordnung.
(5) Der Bundesbeauftragte wirkt auf die Zusammenarbeit mit den Behörden und sonstigen öffentlichen Stellen, die für die Kontrolle der Einhaltung der Vorschriften über den Datenschutz in den Ländern zuständig sind, sowie mit den Aufsichtsbehörden nach § 30 hin.

§ 20: Beanstandungen durch den Bundesbeauftragten für den Datenschutz

(1) Stellt der Bundesbeauftragte für den Datenschutz Verstöße gegen die Vorschriften dieses Gesetzes oder gegen andere Datenschutzbestimmungen oder sonstige Mängel bei der Verarbeitung personenbezogener Daten fest, so beanstandet er dies
1. bei der Bundesverwaltung gegenüber der zuständigen obersten Bundesbehörde,
2. bei der Bundesbahn gegenüber dem Vorstand,
3. bei den bundesunmittelbaren Körperschaften, Anstalten und Stiftungen des öffentlichen Rechts sowie bei Vereinigungen solcher Körperschaften, Anstalten und Stiftungen gegenüber dem Vorstand oder dem sonst vertretungsberechtigten Organ

und fordert zur Stellungnahme innerhalb einer von ihm zu bestimmenden Frist auf. In den Fällen von Satz 1 Nr. 3 unterrichtet der Bundesbeauftragte gleichzeitig auch die zuständige Aufsichtsbehörde.
(2) Der Bundesbeauftragte kann von einer Beanstandung absehen oder auf eine Stellungnahme der betroffenen Stelle verzichten, wenn es sich um unerhebliche Mängel handelt.
(3) Mit der Beanstandung kann der Bundesbeauftragte Vorschläge zur Beseitigung der Mängel und zur sonstigen Verbesserung des Datenschutzes verbinden.
(4) Die gemäß Absatz 1 Satz 1 abzugebende Stellungnahme soll auch eine Darstellung der Maßnahmen enthalten, die auf Grund der Beanstandung des Bundesbeauftragten getroffen worden sind. Die in Absatz 1 Satz 1 Nr. 3 genannten Stellen leiten der zuständigen Aufsichtsbehörde eine Abschrift ihrer Stellungnahme an den Bundesbeauftragten zu.

§ 21: Anrufung des Bundesbeauftragten für den Datenschutz

Jedermann kann sich an den Bundesbeauftragten für den Datenschutz wenden, wenn er der Ansicht ist, bei der Verarbeitung seiner personenbezogenen Daten durch die in § 7 Abs. 1 genannten Behörden oder sonstigen öffentlichen Stellen des Bundes, ausgenommen die Gerichte, soweit sie nicht in Verwaltungsangelegenheiten tätig werden, in seinen Rechten verletzt worden zu sein.

Dritter Abschnitt: Datenverarbeitung nichtöffentlicher Stellen für eigene Zwecke

§ 22: Anwendungsbereich

(1) Die Vorschriften dieses Abschnittes gelten für natürliche und juristische Personen, Gesellschaften und andere Personenvereinigungen des privaten Rechts, soweit sie geschützte personenbezogene Daten als Hilfsmittel für die Erfüllung ihrer Geschäftszwecke oder Ziele verarbeiten. Sie gelten mit Ausnahme der §§ 28 bis 30 nach Maßgabe von Satz 1 auch für öffentlich-rechtliche Unternehmen, die am Wettbewerb teilnehmen, soweit sie die Voraussetzungen von § 7 Abs. 1 Satz 1 oder § 7 Abs. 2 Satz 1 Nr. 1 erfüllen.
(2) Die Vorschriften dieses Abschnittes gelten für die in Absatz 1 genannten Personen, Gesellschaften und anderen Personenvereinigungen auch insoweit, als personenbezogene Daten in deren Auftrag durch andere Personen oder Stellen verarbeitet werden. In diesen Fällen ist der Auftragnehmer unter besonderer Berücksichtigung der Eignung der von ihm getroffenen technischen und organisatorischen Maßnahmen (§ 6 Abs. 1) sorgfältig auszuwählen.
(3) Die Vorschriften dieses Abschnittes gelten nicht für die in Absatz 1 genannten Personen, Gesellschaften und anderen Personenvereinigungen, die Aufgaben der öffentlichen Verwaltung wahrnehmen.

§ 23: Datenspeicherung

Das Speichern personenbezogener Daten ist zulässig im Rahmen der Zweckbestimmung eines Vertragsverhältnisses oder vertragsähnlichen Vertrauensverhältnisses mit dem Betroffenen oder soweit es zur Wahrung berechtigter Interessen der speichernden Stelle erforderlich ist und kein Grund zur Annahme besteht, daß dadurch schutzwürdige Belange des Betroffenen beeinträchtigt werden. Abweichend von Satz 1 ist das Speichern in nicht automatisierten Verfahren zulässig, soweit die Daten unmittelbar aus allgemein zugänglichen Quellen entnommen sind.

§ 24: Datenübermittlung

(1) Die Übermittlung personenbezogener Daten ist zulässig im Rahmen der Zweckbestimmung eines Vertragsverhältnisses oder vertragsähnlichen Vertrauensverhältnisses mit dem Betroffenen oder soweit es zur Wahrung berechtigter Interessen der übermittelnden Stelle oder eines Dritten oder der Allgemeinheit erforderlich ist und dadurch schutzwürdige Belange des Betroffenen nicht beeinträchtigt werden. Personenbezogene Daten, die einem Berufs- oder besonderen Amtsgeheimnis (§ 45 Satz 2 Nr. 1, Satz 3) unterliegen und die von der zur Verschwiegenheit verpflichteten Person in Ausübung ihrer Berufs- oder Amtspflicht übermittelt worden sind, dürfen vom Empfänger nicht mehr weitergegeben werden.

(2) Abweichend von Absatz 1 ist die Übermittlung von listenmäßig oder sonst zusammengefaßten Daten über Angehörige einer Personengruppe zulässig, wenn sie sich auf

1. Namen,
2. Titel, akademische Grade,
3. Geburtsdatum,
4. Beruf, Branchen- oder Geschäftsbezeichnung,
5. Anschrift,
6. Rufnummer

beschränkt und kein Grund zu der Annahme besteht, daß dadurch schutzwürdige Belange des Betroffenen beeinträchtigt werden. Zur Angabe der Zugehörigkeit des Betroffenen zu einer Personengruppe dürfen andere als die im vorstehenden Satz genannten Daten nicht übermittelt werden.

§ 25: Datenveränderung

Das Verändern personenbezogener Daten ist zulässig im Rahmen der Zweckbestimmung eines Vertragsverhältnisses oder vertragsähnlichen Vertrauensverhältnisses mit dem Betroffenen oder soweit es zur Wahrung berechtigter Interessen der speichernden Stelle erforderlich ist und kein Grund zur Annahme besteht, daß dadurch schutzwürdige Belange des Betroffenen beeinträchtigt werden.

§ 26: Auskunft an den Betroffenen

(1) Werden erstmals zur Person des Betroffenen Daten gespeichert, ist er darüber zu benachrichtigen, es sei denn, daß er auf andere Weise Kenntnis von der Speicherung erlangt hat.

(2) Der Betroffene kann Auskunft über die zu seiner Person gespeicherten Daten verlangen. Werden die Daten automatisch verarbeitet, kann der Betroffene Auskunft auch über die Personen und Stellen verlangen, an die seine Daten regelmäßig übermittelt werden. Er soll die Art der personenbezogenen Daten, über die Auskunft erteilt werden soll, näher bezeichnen. Die Auskunft wird schriftlich erteilt, soweit nicht wegen besonderer Umstände eine andere Form der Auskunftserteilung angemessen ist.

(3) Für die Auskunft kann ein Entgelt verlangt werden, das über die durch die Auskunftserteilung entstandenen direkt zurechenbaren Kosten nicht hinausgehen darf. Ein Entgelt kann

in den Fällen nicht verlangt werden, in denen durch besondere Umstände die Annahme gerechtfertigt wird, daß personenbezogene Daten unrichtig oder unzulässig gespeichert werden, oder in denen die Auskunft ergeben hat, daß die personenbezogenen Daten zu berichtigen oder unter der Voraussetzung des § 27 Abs. 3 Satz 2 erster Halbsatz zu löschen sind.
(4) Die Absätze 1 und 2 gelten nicht, soweit
1. das Bekanntwerden personenbezogener Daten die Geschäftszwecke oder Ziele der speichernden Stelle erheblich gefährden würde und berechtigte Interessen des Betroffenen nicht entgegenstehen,
2. die zuständige öffentliche Stelle gegenüber der speichernden Stelle festgestellt hat, daß das Bekanntwerden der personenbezogenen Daten die öffentliche Sicherheit oder Ordnung gefährden oder sonst dem Wohle des Bundes oder eines Landes Nachteile bereiten würde,
3. die personenbezogenen Daten nach einer Rechtsvorschrift oder ihrem Wesen nach, namentlich wegen der überwiegenden berechtigten Interessen einer dritten Person, geheimgehalten werden müssen,
4. die personenbezogenen Daten unmittelbar aus allgemein zugänglichen Quellen entnommen sind,
5. die personenbezogenen Daten deshalb nach § 27 Abs. 2 Satz 2 gesperrt sind, weil sie auf Grund gesetzlicher, satzungsmäßiger oder vertraglicher Aufbewahrungsvorschriften nicht nach § 27 Abs. 3 Satz 1 gelöscht werden dürfen.

§ 27: Berichtigung, Sperrung und Löschung von Daten

(1) Personenbezogene Daten sind zu berichtigen, wenn sie unrichtig sind.
(2) Personenbezogene Daten sind zu sperren, wenn ihre Richtigkeit vom Betroffenen bestritten wird und sich weder die Richtigkeit noch die Unrichtigkeit feststellen läßt. Sie sind ferner zu sperren, wenn ihre Kenntnis für die Erfüllung des Zweckes der Speicherung nicht mehr erforderlich ist. Die Vorschriften über das Verfahren und die Rechtsfolgen der Sperrung in § 14 Abs. 2 Satz 3 gelten entsprechend.
(3) Personenbezogene Daten können gelöscht werden, wenn ihre Kenntnis für die Erfüllung des Zweckes der Speicherung nicht mehr erforderlich ist und kein Grund zur Annahme besteht, daß durch die Löschung schutzwürdige Belange des Betroffenen beeinträchtigt werden. Sie sind zu löschen, wenn ihre Speicherung unzulässig war oder wenn es in den Fällen des Absatzes 2 Satz 2 der Betroffene verlangt. Daten über gesundheitliche Verhältnisse, strafbare Handlungen, Ordnungswidrigkeiten sowie religiöse oder politische Anschauungen sind zu löschen, wenn ihre Richtigkeit von der speichernden Stelle nicht bewiesen werden kann.

§ 28: Bestellung eines Beauftragten für den Datenschutz

(1) Die in § 22 Abs. 1 und 2 genannten Personen, Gesellschaften und anderen Personenvereinigungen, die personenbezogene Daten automatisch verarbeiten und hierbei in der Regel mindestens fünf Arbeitnehmer ständig beschäftigen, haben spätestens binnen eines Monats nach Aufnahme ihrer Tätigkeit einen Beauftragten für den Datenschutz schriftlich zu bestellen. Das gleiche gilt, wenn personenbezogene Daten auf andere Weise verarbeitet werden und soweit hierbei in der Regel mindestens zwanzig Arbeitnehmer ständig beschäftigt sind.
(2) Zum Beauftragten für den Datenschutz darf nur bestellt werden, wer die zur Erfüllung seiner Aufgaben erforderliche Fachkunde und Zuverlässigkeit besitzt.
(3) Der Beauftragte für den Datenschutz ist dem Inhaber, dem Vorstand, dem Geschäftsführer oder dem sonstigen gesetzlich oder verfassungsmäßig berufenen Leiter unmittelbar zu unterstellen. Er ist bei Anwendung seiner Fachkunde auf dem Gebiet des Datenschutzes weisungsfrei. Er darf wegen der Erfüllung seiner Aufgaben nicht benachteiligt werden.
(4) Der Beauftragte für den Datenschutz ist von den nach Absatz 1 zu seiner Bestellung ver-

pflichteten Personen, Gesellschaften oder anderen Personenvereinigungen bei der Erfüllung seiner Aufgaben zu unterstützen.

§ 29: Aufgaben des Beauftragten für den Datenschutz

Der Beauftragte für den Datenschutz hat die Ausführung dieses Gesetzes sowie anderer Vorschriften über den Datenschutz sicherzustellen. Zu diesem Zweck kann er sich in Zweifelsfällen an die Aufsichtsbehörde (§ 30) wenden. Er hat insbesondere

1. eine Übersicht über die Art der gespeicherten personenbezogenen Daten und über die Geschäftszwecke und Ziele, zu deren Erfüllung die Kenntnis dieser Daten erforderlich ist, über deren regelmäßige Empfänger sowie über die Art der eingesetzten automatisierten Datenverarbeitungsanlagen zu führen,
2. die ordnungsgemäße Anwendung der Datenverarbeitungsprogramme, mit deren Hilfe personenbezogene Daten verarbeitet werden sollen, zu überwachen,
3. die bei der Verarbeitung personenbezogener Daten tätigen Personen durch geeignete Maßnahmen mit den Vorschriften dieses Gesetzes sowie anderen Vorschriften über den Datenschutz, bezogen auf die besonderen Verhältnisse in diesem Geschäftsbereich und die sich daraus ergebenden besonderen Erfordernisse für den Datenschutz vertraut zu machen,
4. bei der Auswahl der in der Verarbeitung personenbezogener Daten tätigen Personen beratend mitzuwirken.

§ 30: Aufsichtsbehörde

(1) Die nach Landesrecht zuständige Aufsichtsbehörde überprüft im Einzelfall die Ausführung dieses Gesetzes sowie anderer Vorschriften über den Datenschutz im Anwendungsbereich dieses Abschnittes, wenn ein Betroffener begründet darlegt, daß er bei der Verarbeitung seiner personenbezogenen Daten durch eine der in § 22 Abs. 1 und 2 genannten Personen, Gesellschaften oder anderen Personenvereinigungen in seinen Rechten verletzt worden ist. Sie hat den Beauftragten für den Datenschutz zu unterstützen, wenn er sich an sie wendet (§ 29 Abs. 1 Satz 2).
(2) Die in § 22 Abs. 1 und 2 genannten Personen, Gesellschaften und anderen Personenvereinigungen sowie die mit deren Leitung beauftragten Personen haben der Aufsichtsbehörde auf Verlangen die für die Erfüllung ihrer Aufgaben erforderlichen Auskünfte unverzüglich zu erteilen. Der Auskunftspflichtige kann die Auskunft auf solche Fragen verweigern, deren Beantwortung ihn selbst oder einen der in § 383 Abs. 1 Nr. 1 bis 3 der Zivilprozeßordnung bezeichneten Angehörigen der Gefahr strafgerichtlicher Verfolgung oder eines Verfahrens nach dem Gesetz über Ordnungswidrigkeiten aussetzen würde.
(3) Die von der Aufsichtsbehörde mit der Überwachung beauftragten Personen sind befugt, soweit es zur Erfüllung der der Aufsichtsbehörde übertragenen Aufgaben erforderlich ist, Grundstücke und Geschäftsräume der Stelle zu betreten, dort Prüfungen und Besichtigungen vorzunehmen und in die nach § 29 Satz 3 Nr. 1 von Beauftragten für den Datenschutz zu führende Übersicht, in die gespeicherten personenbezogenen Daten und die Datenverarbeitungsprogramme Einsicht zu nehmen. Der Auskunftspflichtige hat diese Maßnahmen zu dulden. Das Grundrecht der Unverletzlichkeit der Wohnung (Artikel 13 des Grundgesetzes) wird insoweit eingeschränkt.
(4) Die Anwendung der Gewerbeordnung auf die den Vorschriften dieses Abschnittes unterliegenden Gewerbebetriebe bleibt unberührt.
(5) Die Landesregierungen oder die von ihnen ermächtigten Stellen bestimmen die für die Überwachung der Durchführung des Datenschutzes im Anwendungsbereich dieses Abschnittes zuständigen Aufsichtsbehörden.

Vierter Abschnitt: Geschäftsmäßige Datenverarbeitung nicht-öffentlicher Stellen für fremde Zwecke

§ 31: Anwendungsbereich

(1) Für natürlich und juristische Personen, Gesellschaften und andere Personenvereinigungen des privaten Rechts sowie für öffentlich-rechtliche Unternehmen, die am Wettbewerb teilnehmen, soweit sie die Voraussetzungen von § 7 Abs. 1 Satz 1 oder § 7 Abs. 2 Satz 1 Nr. 1 erfüllen, gelten
1. die §§ 32 bis 35, soweit diese Stellen geschäftsmäßig geschützte personenbezogene Daten zum Zweck der Übermittlung speichern und übermitteln; dabei ist es unerheblich, ob die Daten vor der Übermittlung verändert werden,
2. § 36, soweit diese Stellen geschäftsmäßig geschützte personenbezogene Daten zum Zweck der Veränderung speichern, sie derart verändern, daß diese Daten sich weder auf eine bestimmte Person beziehen noch eine solche erkennen lassen (anonymisieren), und sie in dieser Form übermitteln,
3. § 37, soweit diese Stellen geschäftsmäßig geschützte personenbezogene Daten im Auftrag als Dienstleistungsunternehmen verarbeiten.

Für natürliche und juristische Personen, Gesellschaften und andere Personenvereinigungen des privaten Rechts gelten außerdem die §§ 38 bis 40. Satz 2 gilt nicht für juristische Personen, Gesellschaften und andere Personenvereinigungen des privaten Rechts, bei denen der öffentlichen Hand die Mehrheit der Anteile gehört oder die Mehrheit der Stimmen zusteht, soweit diese Personen oder Personenvereinigungen geschäftsmäßig geschützte personenbezogene Daten im Auftrag von Behörden oder sonstigen öffentlichen Stellen als Dienstleistungsunternehmen verarbeiten; § 8 Abs. 3 bleibt unberührt.

(2) Die in Absatz 1 genannten Vorschriften gelten für die dort genannten Personen, Gesellschaften und anderen Personenvereinigungen auch insoweit, als die Verarbeitung personenbezogener Daten in deren Auftrag durch andere Personen oder Stellen betrieben wird. In diesen Fällen ist der Auftragnehmer unter besonderer Berücksichtigung der Eignung der von ihm getroffenen technischen und organisatorischen Maßnahmen (§ 6 Abs. 1) sorgfältig auszuwählen.

§ 32: Datenspeicherung und -übermittlung

(1) Das Speichern personenbezogener Daten ist zulässig, soweit kein Grund zur Annahme besteht, daß dadurch schutzwürdige Belange des Betroffenen beeinträchtigt werden. Abweichend von Satz 1 ist das Speichern zulässig, soweit die Daten unmittelbar aus allgemein zugänglichen Quellen entnommen sind.

(2) Die Übermittlung von personenbezogenen Daten ist zulässig, wenn der Empfänger ein berechtigtes Interesse an ihrer Kenntnis glaubhaft dargelegt hat. Die Gründe für das Vorliegen eines berechtigten Interesses und die Mittel für ihre glaubhafte Darlegung sind aufzuzeichnen.

(3) Abweichend von Absatz 2 Satz 1 ist die Übermittlung von listenmäßig oder sonst zusammengefaßten Daten über Angehörige einer Personengruppe zulässig, wenn sie sich auf Namen, Titel, akademische Grade, die Anschrift sowie auf eine Angabe über die Zugehörigkeit des Betroffenen zu dieser Personengruppe beschränkt und kein Grund zur Annahme besteht, daß dadurch schutzwürdige Belange des Betroffenen beeinträchtigt werden.

§ 33: Datenveränderung

Das Verändern personenbezogener Daten ist zulässig, soweit dadurch schutzwürdige Belange des Betroffenen nicht beeinträchtigt werden.

§ 34: Auskunft an den Betroffenen

(1) Werden erstmals zur Person des Betroffenen Daten übermittelt, ist er über die Speicherung zu benachrichtigen, es sei denn, daß er auf andere Weise von der Speicherung Kenntnis erlangt hat. Satz 1 gilt nicht für Übermittlungen nach § 32 Abs. 3.
(2) Der Betroffene kann Auskunft über die zu seiner Person gespeicherten Daten verlangen. Werden die Daten automatisch verarbeitet, kann der Betroffene Auskunft auch über die Personen und Stellen verlangen, an die seine Daten regelmäßig übermittelt werden. Die Auskunft wird schriftlich erteilt, soweit nicht wegen besonderer Umstände eine andere Form der Auskunftserteilung angemessen ist.
(3) Für die Auskunft kann ein Entgelt verlangt werden, das über die durch die Auskunftserteilung entstandenen direkt zurechenbaren Kosten nicht hinausgehen darf. Ein Entgelt kann in den Fällen nicht verlangt werden, in denen durch besondere Umstände die Annahme gerechtfertigt wird, daß personenbezogene Daten unrichtig oder unzulässig gespeichert werden, oder in denen die Auskunft ergeben hat, daß die personenbezogenen Daten zu berichtigen oder unter der Voraussetzung des § 35 Abs. 3 Satz 2 erster Halbsatz zu löschen sind.
(4) Die Absätze 1 und 2 gelten nicht, soweit das Bekanntwerden der personenbezogenen Daten überwiegende berechtigte Interessen einer dritten Person schädigen oder nach Feststellung durch die zuständige öffentliche Stelle gegenüber der speichernden Stelle die öffentliche Sicherheit oder Ordnung gefährden oder sonst dem Wohle des Bundes oder eines Landes Nachteile bereiten würde.

§ 35: Berichtigung, Sperrung und Löschung von Daten

(1) Personenbezogene Daten sind zu berichtigen, wenn sie unrichtig sind.
(2) Personenbezogene Daten sind zu sperren, wenn ihre Richtigkeit vom Betroffenen bestritten wird und sich weder die Richtigkeit noch die Unrichtigkeit feststellen läßt. Sie sind ferner am Ende des fünften Kalenderjahres nach ihrer Einspeicherung zu sperren. Die Vorschriften über das Verfahren und die Rechtsfolgen der Sperrung in § 14 Abs. 2 Satz 3 gelten entsprechend.
(3) Personenbezogene Daten können gelöscht werden, soweit kein Grund zur Annahme besteht, daß dadurch schutzwürdige Belange des Betroffenen beeinträchtigt werden. Sie sind zu löschen, wenn ihre Speicherung unzulässig war oder wenn es in den Fällen des Absatzes 2 Satz 2 der Betroffene verlangt. Daten über gesundheitliche Verhältnisse, strafbare Handlungen, Ordnungswidrigkeiten sowie religiöse oder politische Anschauungen sind zu löschen, wenn ihre Richtigkeit von der speichernden Stelle nicht bewiesen werden kann.

§ 36: Verarbeitung personenbezogener Daten zum Zwecke der Übermittlung in anonymisierter Form

(1) Die in § 31 Abs. 1 Satz 1 Nr. 2 genannten Personen, Gesellschaften und anderen Personenvereinigungen sind verpflichtet, die gespeicherten personenbezogenen Daten zu anonymisieren. Die Merkmale, mit deren Hilfe anonymisierte Daten derart verändert werden können, daß sie sich auf eine bestimmte Person beziehen oder eine solche erkennen lassen, sind gesondert zu speichern. Diese Merkmale dürfen mit den anonymisierten Daten nicht mehr zusammengeführt werden, es sei denn, daß die dadurch ermöglichte Nutzung der Daten noch für die Erfüllung des Zweckes der Speicherung oder zu wissenschaftlichen Zwekken erforderlich ist.
(2) Für die Veränderung und Löschung personenbezogener Daten gelten §§ 33 und 35 Abs. 3 Satz 1 und Satz 2 erster Halbsatz entsprechend.
(3) Bei automatischer Datenverarbeitung ist die Durchführung der in Absatz 1 vorgesehenen Maßnahmen durch entsprechende Vorkehrungen sicherzustellen.

§ 37: Verarbeitung personenbezogener Daten im Auftrag

Den in § 31 Abs. 1 Satz 1 Nr. 3 genannten Personen, Gesellschaften und anderen Personenvereinigungen ist die Verarbeitung personenbezogener Daten in jeder ihrer in § 1 Abs. 1 genannten Phasen nur im Rahmen der Weisungen des Auftraggebers gestattet.

§ 38: Beauftragter für den Datenschutz

Die in § 31 genannten Personen, Gesellschaften und anderen Personenvereinigungen haben einen Beauftragten für den Datenschutz zu bestellen. Die Vorschriften über den Beauftragten für den Datenschutz in §§ 28 und 29 gelten entsprechend.

§ 39: Meldepflichten

(1) Die in § 31 genannten Personen, Gesellschaften und anderen Personenvereinigungen sowie ihre Zweigniederlassungen und unselbständigen Zweigstellen haben die Aufnahme ihrer Tätigkeit bei der zuständigen Aufsichtsbehörde binnen eines Monats anzumelden.
(2) Bei der Anmeldung sind folgende Angaben zu dem bei der Aufsichtsbehörde geführten Register mitzuteilen:
1. Name oder Firma der Stelle,
2. Inhaber, Vorstände, Geschäftsführer oder sonstige gesetzlich oder verfassungsmäßig berufene Leiter und die mit der Leitung der Datenverarbeitung beauftragten Personen,
3. Anschrift,
4. Geschäftszwecke oder Ziele der Stelle und der Datenverarbeitung,
5. Art der eingesetzten automatisierten Datenverarbeitungsanlagen,
6. Name des Beuaftragten für den Datenschutz,
7. Art der von ihr oder in ihrem Auftrag gespeicherten personenbezogenen Daten,
8. bei regelmäßiger Übermittlung personenbezogener Daten Empfänger und Art der übermittelten Daten.

(3) Absatz 1 gilt für die Beendigung der Tätigkeit sowie für die Änderung der nach Absatz 2 mitgeteilten Angaben entsprechend.

§ 40: Aufsichtsbehörde

(1) Die nach Landesrecht zuständige Aufsichtsbehörde überwacht die Ausführung dieses Gesetzes sowie anderer Vorschriften über den Datenschutz im Anwendungsbereich dieses Abschnittes; sie nimmt insbesondere auch die in § 30 Abs. 1 genannten Aufgaben wahr. Sie führt das Register über die nach § 39 Abs. 1 anmeldepflichtigen Stellen; das Register kann von jedem eingesehen werden.
(2) Die übrigen Vorschriften über die Aufsichtsbehörde in § 30 Abs. 2 bis 5 finden entsprechende Anwendung.

Fünfter Abschnitt: Straf- und Bußgeldvorschriften

§ 41: Straftaten

(1) Wer unbefugt von diesem Gesetz geschützte personenbezogene Daten, die nicht offenkundig sind,
1. übermittelt oder verändert oder
2. abruft oder sich aus in Behältnissen verschlossenen Dateien verschafft,

wird mit Freiheitsstrafe bis zu einem Jahr oder mit Geldstrafe bestraft.
(2) Handelt der Täter gegen Entgelt oder in der Absicht, sich oder einen anderen zu berei-

chern oder einen anderen zu schädigen, so ist die Strafe Freiheitsstrafe bis zu zwei Jahren oder Geldstrafe.
(3) Die Tat wird nur auf Antrag verfolgt.

§ 42: Ordnungswidrigkeiten

(1) Ordnungswidrig handelt, wer vorsätzlich oder fahrlässig
1. entgegen § 26 Abs. 1, § 34 Abs. 1 den Betroffenen nicht benachrichtigt,
2. entgegen § 28 Abs. 1, § 38 in Verbindung mit § 28 Abs. 1 einen Beauftragten für den Datenschutz nicht oder nicht rechtzeitig bestellt,
3. entgegen § 32 Abs. 2 die dort bezeichneten Gründe oder Mittel nicht aufzeichnet,
4. entgegen § 39 Abs. 1 oder 3 eine Meldung nicht oder nicht rechtzeitig erstattet oder entgegen § 39 Abs. 2 oder 3 bei einer solchen Meldung die erforderlichen Angaben nicht, nicht richtig oder nicht vollständig mitteilt,
5. entgegen § 30 Abs. 2 Satz 1, § 40 Abs. 2 in Verbindung mit § 30 Abs. 2 Satz 1 eine Auskunft nicht, nicht richtig, nicht vollständig oder nicht rechtzeitig erteilt oder entgegen § 30 Abs. 3 Satz 2, § 40 Abs. 2 in Verbindung mit § 30 Abs. 3 Satz 2 den Zutritt zu den Grundstücken oder Geschäftsräumen oder die Vornahme von Prüfungen oder Besichtigungen oder die Einsicht in geschäftliche Unterlagen nicht duldet.

(2) Die Ordnungswidrigkeit kann mit einer Geldbuße bis zu fünfzigtausend Deutsche Mark geahndet werden.

Sechster Abschnitt: Übergangs- und Schlußvorschriften

§ 43: Übergangsvorschriften

(1) Die Veröffentlichung über personenbezogene Daten (§ 12), die beim Inkrafttreten des Gesetzes schon gespeichert waren, hat binnen eines Jahres nach Inkrafttreten des Gesetzes zu erfolgen.
(2) Die in § 28 Abs. 1, § 38 in Verbindung mit § 28 Abs. 1 und in § 39 Abs. 1 genannten Verpflichtungen treten für die Personen, Gesellschaften und anderen Personenvereinigungen, die bei Inkrafttreten des Gesetzes personenbezogene Daten verarbeiten, mit dem Inkrafttreten des Gesetzes ein.
(3) Sind zur Person des Betroffenen bereits vor dem Inkrafttreten des Gesetzes Daten gespeichert worden, so ist der Betroffene darüber nach § 26 Abs. 1 zu benachrichtigen, wenn die Daten erstmals nach dem Inkrafttreten des Gesetzes übermittelt worden sind.
(4) Sind die zur Person des Betroffenen gespeicherten Daten bereits vor dem Inkrafttreten des Gesetzes übermittelt worden, so ist der Betroffene über die Speicherung nach § 34 Abs. 1 zu benachrichtigen, wenn die Daten erstmals nach dem Inkrafttreten des Gesetzes übermittelt worden sind.

§ 44: Anwendung des Verwaltungsverfahrensgesetzes

Auf die Ausführung dieses Gesetzes ist das Verwaltungsverfahrensgesetz auch insoweit anzuwenden, als sie den Ländern obliegt.

§ 45: Weitergeltende Vorschriften

Soweit besondere Rechtsvorschriften des Bundes auf in Dateien gespeicherte personenbezogene Daten anzuwenden sind, gehen sie den Vorschriften dieses Gesetzes vor. Zu den vorrangigen Vorschriften gehören namentlich:
1. Vorschriften über die Geheimhaltung von dienstlich oder sonst in Ausübung des Berufs erworbenen Kenntnissen, z. B. § 12 des Gesetzes über die Statistik für Bundeszwecke vom 3. September 1953 (BGBl. I S. 1314), zuletzt geändert durch Gesetz vom 2. März

1974 (BGBl. I S. 469), § 30 der Abgabenordnung, § 9 des Gesetzes über das Kreditwesen in der Fassung der Bekanntmachung vom 3. Mai 1976 (BGBl. I S. 1121), §§ 5 und 6 des Gesetzes über das Postwesen, §§ 10 und 11 des Fernmeldeanlagengesetzes;
2. Vorschriften über das Zeugnis- oder Auskunftsverweigerungsrecht aus persönlichen oder berufsbedingten Gründen in Gerichts- und Verwaltungsverfahren, z. B. §§ 52 bis 55 der Strafprozeßordnung, §§ 383 und 384 der Zivilprozeßordnung, §§ 102 und 105 der Abgabenordnung;
3. Vorschriften über die Verpflichtung, die Beschränkung oder das Verbot der Speicherung, Übermittlung oder Veröffentlichung von Einzelangaben über Personen, z. B. § 161 der Strafprozeßordnung, §§ 20 und 22 des Arbeitsförderungsgesetzes vom 25. Juni 1969 (BGBl. I S. 582), zuletzt geändert durch Gesetz vom 16. März 1976 (BGBl. I S. 581), § 49 des Bundeszentralregistergesetzes;
4. Vorschriften über die Beschränkung der Einsicht in Unterlagen durch Dritte, z. B. § 61 Abs. 2 und 3 des Personenstandsgesetzes, § 36 des Gesetzes über das Verwaltungsverfahren der Kriegsopferversorgung in der Fassung der Bekanntmachung vom 6. Mai 1976 (BGBl. I S. 1169);
5. Vorschriften über die Einsicht des Beamten oder Arbeitnehmers in seine Personalunterlagen, z. B. § 90 des Bundesbeamtengesetzes, § 83 des Betriebsverfassungsgesetzes;
6. Vorschriften über die Auskunftspflicht von Behörden an Bürger über die zu ihrer Person gespeicherten Daten, z. B. § 1325 der Reichsversicherungsordnung, § 104 des Angestelltenversicherungsgesetzes, § 108 h des Reichsknappschaftsgesetzes;
7. Vorschriften über die Übermittlung, Berichtigung und Löschung von in öffentlichen Registern aufgeführten personenbezogenen Daten, z. B. §§ 19, 23, 27 Abs. 2, §§ 31, 37 Abs. 1, §§ 39 bis 47 und 58 des Bundeszentralregistergesetzes, § 30 des Straßenverkehrsgesetzes, § 13a der Straßenverkehrs-Zulassungs-Ordnung, § 12 und der 2. Abschnitt der Grundbuchordnung;
8. Vorschriften über die Verpflichtung zur Verarbeitung personenbezogener Daten bei der Rechnungslegung einschließlich Buchführung und sonstiger Aufzeichnungen, z. B. §§ 38 bis 40, 42 bis 47 des Handelsgesetzbuches, §§ 140 bis 148 der Abgabenordnung, § 8 der VOPR Nr. 30/53 über die Preise bei öffentlichen Aufträgen vom 21. November 1953 (Bundesanzeiger Nr. 244), § 71 der Bundeshaushaltsordnung.

Die Verpflichtung zur Wahrung der in § 203 Abs. 1 des Strafgesetzbuches genannten Berufsgeheimnisse, z. B. des ärztlichen Geheimnisse, bleibt unberührt.

§ 46: Berlin-Klausel

Dieses Gesetz gilt nach Maßgabe des § 13 Abs. 1 des Dritten Überleitungsgesetzes vom 4. Januar 1952 (BGBl. I S. 1) auch im Land Berlin. Rechtsverordnungen, die auf Grund dieses Gesetzes erlassen werden, gelten im Land Berlin nach § 14 des Dritten Überleitungsgesetzes.

§ 47: Inkrafttreten

Dieses Gesetz tritt am 1. Januar 1978 in Kraft. Abweichend davon treten in Kraft:
1. § 12 Abs. 3, § 13 Abs. 4, §§ 16 und 19 Abs. 4 Satz 8 am Tage nach der Verkündung des Gesetzes,
2. §§ 17, 18, 28 und 38 am 1. Juli 1977,
3. § 6 und die Anlage zu § 6 Abs. 1 Satz 1 am 1. Januar 1979.

Anlage zu § 6 Abs. 1 Satz 1

Werden personenbezogene Daten automatisch verarbeitet, sind zur Ausführung der Vorschriften dieses Gesetzes Maßnahmen zu treffen, die je nach der Art der zu schützenden personenbezogenen Daten geeignet sind,

1. Unbefugten den Zugang zu Datenverarbeitungsanlagen, mit denen personenbezogene Daten verarbeitet werden, zu verwehren (Zugangskontrolle),
2. Personen, die bei der Verarbeitung personenbezogener Daten tätig sind, daran zu hindern, daß sie Datenträger unbefugt entfernen (Abgangskontrolle),
3. die unbefugte Eingabe in den Speicher sowie die unbefugte Kenntnisnahme, Veränderung oder Löschung gespeicherter personenbezogener Daten zu verhindern (Speicherkontrolle),
4. die Benutzung von Datenverarbeitungssystemen, aus denen oder in die personenbezogene Daten durch selbsttätige Einrichtungen übermittelt werden, durch unbefugte Personen zu verhindern (Benutzungskontrolle),
5. zu gewährleisten, daß die zur Benutzung eines Datenverarbeitungssystems Berechtigten durch selbsttätige Einrichtungen ausschließlich auf die ihrer Zugriffsberechtigung unterliegenden personenbezogenen Daten zugreifen können (Zugriffskontrolle),
6. zu gewährleisten, daß überprüft und festgestellt werden kann, an welche Stellen personenbezogene Daten durch selbsttätige Einrichtungen übermittelt werden können (Übermittlungskontrolle),
7. zu gewährleisten, daß nachträglich überprüft und festgestellt werden kann, welche personenbezogenen Daten zu welcher Zeit von wem in Datenverarbeitungssysteme eingegeben worden sind (Eingabekontrolle),
8. zu gewährleisten, daß personenbezogene Daten, die im Auftrag verarbeitet werden, nur entsprechend den Weisungen des Auftraggebers verarbeitet werden können (Auftragskontrolle),
9. zu gewährleisten, daß bei der Übermittlung personenbezogener Daten sowie beim Transport entsprechender Datenträger diese nicht unbefugt gelesen, verändert oder gelöscht werden können (Transportkontrolle),
10. die innerbehördliche oder innerbetriebliche Organisation so zu gestalten, daß sie den besonderen Anforderungen des Datenschutzes gerecht wird (Organisationskontrolle).

II. Erläuterungen

1 Überblick über Inhalt und Aufbau des BDSG

1.1 Ziele des BDSG

Nach mehreren Anläufen über 7 Jahre hinweg haben Bundestag und Bundesrat vor Abschluß der Legislaturperiode in Sondersitzungen am 10. 11. und 12. 11. 1976 schließlich doch noch das Gesetz zum Schutz vor Mißbrauch personenbezogener Daten bei der Datenverarbeitung (BDSG)** verabschiedet[1].

** (BGBl I, 7/77, S. 201, §§ ohne Gesetzesangabe sind solche des BDSG).

1 Als erste gesetzgeberische Initiative hatten zunächst Abgeordnete aller Fraktionen, die in der Interparlamentarischen Arbeitsgemeinschaft (IPA) vertreten waren, den Entwurf eines Gesetzes zum Schutz vor unbefugter Verwendung personenbezogener Daten vom 2. 12. 1971 (BT-Drucksache VI/2885) eingebracht. Am 25. 5. 1973 hat dann die Bundesregierung dem Bundesrat einen eigenen Entwurf zugleitet (BR-Drucksache 391/73), der dann wiederholt geändert wurde. Vergleiche zur Geschichte des Bundesdatenschutzgesetzes auch ausführlich bei Ruckriegel, Das Bundesdatenschutzgesetz – erste Konsequenzen, ÖVD 12/76. S. 350ff.

Trotz der schließlich zustandegekommenen parlamentarischen Mehrheiten blieb das BDSG nicht nur bei der Opposition umstritten, so daß auch bei den Regierungsparteien Novellierungen des Gesetzes bereits im Gespräch sind. Wenn seitens der Opposition geltend gemacht wurde, das Gesetz biete zu wenig Datenschutz, der zuviel koste, so bestreiten prominente Vertreter der Wissenschaft sogar die Verfassungsmäßigkeit des Gesetzes[2]. Während einerseits von „kompromißverdorbenem Datenschutz“[3] gesprochen wird, so sieht wohl doch die Mehrzahl der Stimmen in dem Gesetz „einen fairen Kompromiß“[4], der Ausgangspunkt für ein umfassendes Datenschutzrecht durch bereichsspezifische Ergänzungen bilden soll.

Aufgabe des Datenschutzes ist es, den Bürger vor mißbräuchlicher Verarbeitung seiner personenbezogenen Daten – das sind Daten, die Auskunft über seine persönlichen oder sachlichen Verhältnisse geben–zu schützen. Nicht die Daten oder der Besitz an den Daten (Stichwort: Computerkriminalität) soll geschützt werden, sondern die Privatsphäre des Einzelnen und sein verfassungsrechtlich geschützter Anspruch (Art. 2 GG) auf eine unantastbare Sphäre privater Lebensgestaltung[5].

Insofern ist Datenschutz in der Sache nichts Neues und, wenn auch nicht unter diesem Schlagwort, seit jeher Gegenstand von Rechtsvorschriften und Rechtsprechung. Insbesondere für den öffentlichen Bereich ist hier vorrangig die Rechtsprechung des Bundesverfassungsgerichts in Ausgestaltung der Grundrechte der Art. 1 Abs. 1, 2 Abs. 1 GG zu nennen. Daneben gibt es in Einzelgesetzen wie dem StGB (z. B. § 201–205, Schutz des privaten Lebens- und Geheimnisbereichs) eine Vielzahl von mit Strafandrohung versehenen Geheimnisvorschriften[6] und Schadensersatz- und Auskunftsrechten. Hingewiesen werden soll als auf einen besonders komplexen Problemkreis insoweit nur auf das durch Rechtsvorschriften (z. B. §§ 83, 120 BetrVG) und Rechtsprechung ausgestaltete Personaldatenrecht im Arbeitsverhältnis[7], dessen Normen auch nach Inkrafttreten des BDSG als spezielle Regelungen weiter Bestand haben[8].

Die bisherigen speziellen Datenschutzregelungen regeln in unterschiedlicher Weise jeweils bestimmte Fallgruppen; generelle Vorschriften über die Verarbei-

---

2 z. B. Steinmüller, Staatswohl vor Bürgerrecht, Bild der Wissenschaft 7/76, S. 76ff.

3 Janzen, Kompromißverdorbener Datenschutz, Metall 15/76, gibt die auf Gewerkschaftsseite vorherrschende negative Einstellung gegenüber dem Gesetz wieder.

4 vgl. Das BDSG ist ein fairer Kompromiß, Computerwoche Nr. 38 vom 17. 9. 76, s. Simitis NJW 77, 7 S. 1ff.

5 Näheres bei Hasselkus/Kamminski, Persönlichkeitsrecht und Datenschutz in Kilian/Lenk/Steinmüller, Datenschutz, Frankfurt 1973; Damman/Karhausen /Müller/Steinmüller, Datenbanken und Datenschutz, S. 128ff., Frankfurt 1974.

6 Becker, Schutz des Privatgeheimnisses im neuen Strafrecht, MDR 74, S. 888ff. Gola, Der neue strafrechtliche Schutz privater Daten, DSWR 75, S. 66ff.

7 vgl. Hümmerich/Gola, Personaldatenrecht im Arbeitsverhältnis, Heidelberg 1975, und Gola/Hümmerich, Die Personalakte des Arbeitnehmers, BB 74, S. 1163.

8 Hümmerich/Gola, Die Auswirkungen des Bundesdatenschutzgesetzes auf das Personalwesen, BB 77, S. 148ff.

tung personenbezogener Daten gab es bisher nicht. Der Bedarf nach einem allgemeinen Datenschutzgesetz entstand dadurch, daß die Problematik „Datenschutz" durch den Einsatz der automatischen Datenverarbeitung (ADV) einen neuen Stellenwert erhielt. Durch die flexible und schnelle Auswertung und die Verknüpfung von – an verschiedenen Orten vorhandenen – Daten, wobei die Technik der Menge der zu verarbeitenden Daten keine Grenzen mehr setzt, wurde die perfekte Erfassung und absolute Offenlegung der Privatsphäre des Bürgers durch den Staat oder private Informationsverarbeiter möglich und in Teilbereichen bereits zur aktuellen Bedrohung[9]. Das BDSG regelt jedoch nicht nur die Anwendung der ADV, sondern jedwede Art von Datenverarbeitung, also auch die im Rahmen herkömmlicher manueller Verfahren, um auf diese Weise einen umfassenden Schutz des Bürgers bei der Datenverarbeitung sicherzustellen[10].

1.2 Grundforderungen des Datenschutzes

Das BDSG legt den datenverarbeitenden Stellen zur Realisierung des Datenschutzes eine Reihe von Verpflichtungen auf, wie

Anzeige-, bzw. Benachrichtigungspflicht,
Auskunftspflicht,
Berichtigungs-, Sperrungs- und Löschungspflicht,
Sicherungspflichten,
Bestellung eines Datenschutzbeauftragten.

Diese Pflichten entsprechen den auf den Betroffenen bezogenen sechs Grundforderungen des Datenschutzes[11], die wie folgt definiert werden können: Der Einzelne hat grundsätzlich ein Recht zu wissen,

1. wer Daten über ihn besitzt,
2. welche Daten gespeichert sind,
3. an wen seine Daten weitergegeben werden,

und es muß gewährleistet sein, daß,

4. die Daten richtig sind,
5. die Daten zulässig und zweckgebunden gespeichert sind,
6. die Daten vor Mißbrauch gesichert sind.

Das BDSG enthält dementsprechend folgende 7 Grundregeln:

1. Die Verarbeitung von Daten ist nur zulässig, wenn der Betroffene zustimmt oder eine Rechtsvorschrift diese gestattet.
2. Alle Stellen, die personenbezogene Daten speichern, müssen dies in der Regel anzeigen oder den Betroffenen benachrichtigen.

---

9 Hoffmann/Tietze/Podlech (Hrsg.), Der numerierte Bürger, Wuppertal 1975; Seidel, Datenbanken und Persönlichkeitsrecht, Köln 1974. Siehe auch Packard, Die wehrlose Gesellschaft, Düsseldorf, 1964.

10 Begründung zum Reg. Entwurf des BDSG, BR-Drucksache 391/73, S. 14/17.

11 vgl. z. B. bei Böhm, Kostenimplikationen von Datenschutzregelungen in Dierstein, Fiedler, Schulz (Hrsg.), Datenschutz und Datensicherung, Köln 1976, S. 216f.

3. Jeder Betroffene hat in der Regel das Recht, Auskunft über die zu seiner Person gespeicherten Daten zu verlangen.
4. Jeder Betroffene hat in der Regel das Recht, Auskunft zu verlangen, an wen seine Daten regelmäßig weitergegeben werden.
5. Unrichtige Daten müssen berichtigt werden.
6. Nicht mehr benötigte, bestrittene oder unzulässig gespeicherte Daten müssen gesperrt oder gelöscht werden.
7. Die Daten müssen vor Mißbrauch gesichert werden.

Über diese Rechte des Individuums zur Sicherung seiner „Privatsphäre" hinaus, stellt sich das Problem des Datenschutzes jedoch auch noch in einem größeren gesellschaftspolitischen Zusammenhang, der sich durch Schlagworte, wie „Informationskontrolle"[12], oder „Verhinderung von Informationsmonopolen"[13] kennzeichnen läßt. Es wird die Gefahr aufgezeigt[14], daß die neuartigen umfassenden Informationsmöglichkeiten in der Hand einiger weniger, bisher schon Mächtiger, zur Verkrustung oder sogar zur Verstärkung einseitiger Machtstrukturen führen kann. Der durch seinen Informationsvorsprung privilegierte Staat wie auch die Privatwirtschaft könnten dadurch die eigenständige Lebensgestaltung des Individuums oder von Minderheiten in unserer Gesellschaft durch umfassende vorausschauende Planungen einengen und konformieren.

Andererseits darf nicht verkannt werden, daß die Wirtschaft und insbesondere der Staat, um den an sie gestellten Forderungen nach immer mehr und umfassenderer Leistung für den Bürger gerecht werden zu können, des Einsatzes der Computer bedürfen, da sie ohne diese nicht mehr funktionsfähig wären. Ziel der Datenschutzgesetzgebung war es daher, in den Prozeß der Datenverarbeitung solche Sicherungen einzubauen, die gewährleisten, daß die vom Bürger erfaßten Daten entsprechend der vom Einzelnen vorhergesehenen Zweckbestimmung verwandt werden[10].

Ob das BDSG diesem Ziel gerecht wird, wird die Praxis zeigen müssen. Dabei wird jedoch zu berücksichtigen sein, daß neben dem berechtigten Anspruch des Individuums auf „Geheimhaltung" seiner Daten, die Verfassungsgrundsätze der Demokratie und Rechtsstaatlichkeit auch eine gewisse Transparenz der gesellschaftlichen Entwicklungen und der hierfür maßgebenden Informationen sowie ein Recht auf freie Meinung und damit auch auf Informationen voraussetzen[15]. Steimüller[16] spricht insoweit von einem magischen Dreieck der widerstreitenden Interessen bei Realisierung des Datenschutzes, d. h. den Interessen an der Funktionsfähigkeit von Staat und Wirtschaft, der vollen Ausnutzung der DV-Technologie und leztlich an der Erhaltung gesellschaftlicher Freiräume.

---

12 Hoffmann, Computer, Macht und Menschwürde, München 1976, S. 28.
13 vgl. bei Damman/Karhausen/Müller/Steinmüller, a.a.O., S. 133.
14 vgl. Fn. 9; ferner Mechelhoff, Computer – die anonyme Macht, Metall 76, Nr. 2–6.
15 Brinkmann, Datenschutz und Recht auf Information, in Kilian/Lenk/Steinmüller, S. 77 ff. Zur Gesamtproblematik: Steinmüller (Hrsg.) Informationsrecht und Informationspolitik, München 1976.
16 Schimmel/Steinmüller in Damman u. a., a.a.O., S. 114.

1.3 Der Aufbau des BDSG

Das BDSG gliedert sich in 6 Abschnitte und zwar einen allgemeinen Teil (1. Abschnitt), der für alle nachfolgenden Abschnitte geltende Definitionen und Bestimmungen enthält; den Mittelteil (Abschnitt 2–4), der spezielle Vorschriften für die einzelnen Bereiche enthält, in denen Datenverarbeitung stattfindet; sowie die Straf- und Übergangsbestimmungen der Abschnitte 5 und 6. Hierauf wird im folgenden noch näher einzugehen sein. Bei den Bereichen, die Datenverarbeitung betreiben, hielt der Gesetzgeber unterschiedliche spezielle Regelungen erforderlich, für die

- Datenverarbeitung der Behörden und sonstigen öffentlichen Stellen (2. Abschnitt §§ 7–21)
- Datenverarbeitung nicht-öffentlicher Stellen für eigene Zwecke (3. Abschnitt, §§ 22–30)
- geschäftsmäßige Datenverarbeitung nicht-öffentlicher Stellen für fremde Zwecke (4. Abschnitt, §§ 31–40).

U. a. wird – wie noch dargestellt wird – im Detail für diese Bereiche unterschiedlich geregelt, welcher gesetzlichen Voraussetzungen die Datenverarbeitung bedarf, welchen Kontrollen diese Stellen unterliegen, und wie die Rechte der Betroffenen im Einzelnen zu realisieren sind.

Der 6. Abschnitt enthält in § 41 eine Strafsanktion gegenüber unbefugtem Übermitteln, Veränderung oder Abrufen von Daten. In § 42 wird der Verstoß gegen die wichtigsten Verpflichtungen der privaten Datenverarbeiter als Ordnungswidrigkeit mit einer Geldbuße bis zu 50000 DM geahndet.

Bei den Übergangs- und Schlußvorschriften des 6. Abschnitts seien zwei Aspekte herausgestellt. Einmal stellt § 45 klar, daß das BDSG als Auffanggesetz[17] konzipiert ist, d. h. soweit besondere Rechtsvorschriften des Bundes auf in Dateien gespeicherte personenbezogene Daten anzuwenden sind, haben diese vor den Bestimmungen des BDSG Vorrang. Diese Subsidiarität war erforderlich, da das BDSG eine Querschnittsmaterie[18] regelt und insoweit einerseits datenschutzrechtliche Generalforderungen kodifiziert und andererseits aber auch bereichsspezifischen Sachgesetzlichkeiten Rechnung tragen muß. Eine Reihe dieser bereichsspezifischen vorrangigen Normen werden in § 45 S. 2 Ziffer 1 bis 8 aufgeführt, wobei darauf hinzuweisen ist, daß diese Rechtsvorschriften selbst dann Vorrang haben können wenn sie hinter dem Schutz des BDSG zurückbleiben.

Schließlich ist aus diesem Abschnitt auf die abgestufte Regelung des Inkrafttretens des Gesetzes (§ 47) hinzuweisen.

---

17 Auernhammer, Datenschutzgesetzgebung – Magna Charta des Bürgers, in Krauch (Hrsg.), Erfassungsschutz, Stuttgart 1975, S. 57ff.

18 Auernhammer, Der Reg.Entwurf eines Bundesdatenschutzgesetzes, ÖVD 74, S. 55.

1.4 Kontrollen zur Einhaltung des Datenschutzes

Um die Einhaltung der Datenschutzbestimmungen zu gewährleisten, sieht das BDSG ein vierfaches, ineinandergreifendes Kontrollsystem vor.
Zunächst einmal kontrolliert der Betroffene die Richtigkeit der Daten und die Zulässigkeit ihrer Verarbeitung selbst. Dazu stehen ihm Auskunfts- und Benachrichtigungsrechte zu, die im folgenden noch näher dargestellt werden. Bei der Durchsetzung seiner Ansprüche ist er im Streitfall nicht nur auf den Rechtsweg verwiesen, sondern er kann sich auch an den Datenschutzbeauftragten oder die Aufsichtsbehörden wenden.
Die privaten datenverarbeitenden Betriebe haben – einen gewissen Umfang der Datenverarbeitung vorausgesetzt – einen Beauftragten für den Datenschutz einzusetzen (§§ 28, 29, 38). Aufgabe dieses Datenschutzbeauftragten ist es, als innerbetriebliches Selbstkontrollorgan in eigener Verantwortung und in fachlicher Weisungsunabhängigkeit die Beachtung des Bundesdatenschutzgesetzes und anderer Vorschriften über den Datenschutz im Unternehmen sicherzustellen. Bei Erfüllung dieser Aufgabe kann auch der Datenschutzbeauftragte sich der Unterstützung der Aufsichtsbehörde bedienen.
Eine in etwa vergleichbare Aufgabe wie der betriebliche Datenschutzbeauftragte nimmt für die öffentliche (Bundes-) Verwaltung der Bundesbeauftragte für den Datenschutz (§§ 17–21) wahr. Dieser Bundesdatenschutzbeauftragte soll als unabhängige „externe" Kontrollinstanz neben der weiter bestehenden Fachaufsicht die Einhaltung der Vorschriften des Datenschutzes überwachen. Er kontrolliert die Durchführung des Datenschutzes und kann hierzu Verbesserungsvorschläge machen und die Bundesregierung beraten. Er hat für den Bundestag und die Regierung Berichte und Gutachten zu erstellen. In § 21 ist ferner das Recht jedes Bürgers verankert, sich an den Bundesdatenschutzbeauftragten zu wenden, der der Beschwerde bei der betroffenen Behörde nachgehen muß.
Die privaten Datenverarbeiter unterliegen schließlich noch der Kontrolle einer Aufsichtsbehörde, die von den Bundesländern einzurichten ist. Bei den datenverarbeitenden Stellen, die für eigene Zwecke tätig sind, wird diese Aufsichtsbehörde nur im Einzelfall tätig, wenn ein Betroffener sich begründet an sie um Hilfe gewandt hat. Die geschäftsmäßigen Datenverarbeiter unterliegen einer weitergehenden Kontrolle und Registrierung, d. h. die Aufsichtsbehörde wird hier von Amts wegen tätig (§§ 39, 40), um die Gewährleistung des Datenschutzes zu überwachen. Auch hier muß sie begründeten Beschwerden eines Betroffenen nachgehen.

1.5 Kosten des Datenschutzes

Bei der Diskussion um das BDSG und insbesondere auch bei den verschiedenen Hearings, die der Innenausschuß des Bundestages zum EBDSG veranstaltet hatte[19], spielte die Frage der Kostenbelastung, die die Anforderungen des BDSG für

19 Zur Problematik bei der Einrichtung der Aufsichtsbehörden siehe Näheres bei Ruckriegel, a.a.O., S. 353.

die Wirtschaft bringen würde, eine nicht unerhebliche Rolle. Dabei waren die Aussagen über die zu erwartenden zusätzlichen Kosten durch eine erhebliche Unsicherheit gekennzeichnet. Während einerseits Auswirkungen auf das allgemeine Preisniveau verneint wurden, sprachen Vertreter der Wirtschaft von Hochrechnungen in Milliardenhöhe[20].

Diese Aussagen stellen jedoch beiderseits infolge unzureichender empirischer Grundlagen, wegen interessenbedingten Tendenzen, und weil sie auf nicht zu verallgemeinernden sektoralen Schätzungen beruhen, keine verläßlichen Angaben dar.

Als konkrete Kostenbeispiele seien einige Tatbestände erwähnt:

1. Nicht-öffentliche Stellen unterliegen, soweit der Betroffene nicht anderweitig Kenntnis erlangt, einer persönlichen Benachrichtigungspflicht über die gespeicherten Daten bzw. die erstmalige Übermittlung.
Hierbei entstehen Verwaltungs-, Rechner-, Material- und Portokosten. Allein die erstmals mit Inkrafttreten des BDSG entstandenen Portokosten werden auf etwa 100 Millionen DM geschätzt.
Da das Gesetz aber auch anderweitige Kenntniserlangung genügen läßt, und Formvorschriften über die Kenntniserlangung nicht bestehen, wird es darauf ankommen, die „Benachrichtigung" im Rahmen des ohnehin bestehenden Kontaktes mit dem Betroffenen (Kunden) durchzuführen.
2. Auskunftsersuchen des Betroffenen sind von diesem zu finanzieren, d. h. es kann eine Gebühr erhoben werden, wobei Unsicherheiten über die Berechnung der Gebühr bestehen. Das Gesetz spricht von „direkt zurechenbaren Kosten". Was hierzu über die konkreten Bearbeitungs-, Porto- und Rechnerkosten hinaus noch gehört, ist offen. Auch werden die Kosten davon abhängen, wieviel Anfragen gestellt werden, was im vorneherein nicht zu erkennen ist. Daneben ist auch nicht zu erkennen, daß die datenverarbeitende Stelle durch die von ihr wählbare Organisation der Auskunft die Kosten einer Anfrage manipulieren kann und durch die Höhe der Auskunftskosten bereits abschreckend wirken kann. Andererseits überlegen größere Firmen zur Zeit noch, ob sie im Rahmen ihrer Kundenbeziehungen für derartige Auskünfte überhaupt Kostenersatz verlangen sollten.
3. Was die Protokollierungspflicht bei der Weitergabe angeht, so begnügt sich das BDSG im Hinblick auf die Kosten und den immensen Umfang der entstehenden *Archiv*daten damit, daß festgehalten werden muß, an wen Daten *regelmäßig* weitergegeben werden. Dadurch entstehen natürlich Lücken in dem Kenntnisnetz des Bürgers. Jedoch auch diese Protokolle der regelmäßigen Weitergabe verursachen zusätzlichen Programmier- und Rechenzeitaufwand.

---

20 siehe Protokoll der öffentlichen Anhörung des BT-Innenausschuß zum EBDSG vom 31. 3. 76, Ausschußdrucksache 7/139; ferner zur Gesamtproblematik: Angermann/Thome, Untersuchung über die Kostenwirkung eines Bundesdatenschutzgesetzes, Heidelberg 1976 sowie Böhm, Kostenimplikationen von Datenschutzregelungen, in: Dierstein/Fiedler/Schulz, a.a.O., S. 216ff.,

4. Die aus § 6 und der Anlage zu § 6 BDSG entstehenden Kosten für Maßnahmen der Datensicherung bedeuten, soweit solche Maßnahmen nicht schon bestehen, zunächst einmal hohe Investitionskosten. Hier wird es, da das Gesetz nur Maßnahmen vorschreibt, deren Aufwand in einem angemessenen Verhältnis zu dem angestrebten Schutzzweck steht, bei dem Aufbau eines Datensicherungssystems darauf ankommen, den Anforderungen des Datenschutzes *genügende* Maßnahmen zu ergreifen, die gleichzeitig mit dem *geringsten* Aufwand realisierbar sind[21]. Während die Kosten für einzelne Maßnahmen des Datenschutzes und der Datensicherung u. U. noch verhältnismäßig einfach zu ermitteln sind, ist der Vergleich des Nutzens zum Aufwand (Risikoschätzung) nur schwer zu ziehen[22]. Hier werden die im Hinblick auf die Datensicherungsmaßnahmen der Bundesregierung zu erlassenden Rechtsverordnungen (§ 6 Abs. 2) hoffentlich noch einige Klarheit schaffen.

5. Schließlich verursachen auch der Datenschutzbeauftragte auf die ggf. im Rahmen des Datenschutzes mit ihm zusammenarbeitenden Angehörigen des Unternehmens zusätzliche Personalkosten.

1.6 Schadensersatzrechtliche Fragen

Bei der Abfassung des Bundesdatenschutzgesetzes war es eine offene Frage, ob in das Gesetz eine eigene Schadensersatzregelung aufgenommen werden sollte. Die entsprechenden Forderungen gingen überwiegend dahin, eine Schadensersatzregelung in Form der Gefährdungshaftung zu treffen, durch die insbesondere Schäden wegen technischen Versagens erfaßt und Beweisschwierigkeiten ausgeräumt werden sollten. Daneben wurde auch eine Regelung für die Erstattung immaterieller Schäden gefordert. Bundestag und Bundesrat haben jedoch von einer solchen besonderen Schadensersatzregelung abgesehen[23]. Innen- und Rechtsausschuß des Deutschen Bundestages haben dagegen eine spätere entsprechende Ergänzung des Gesetzes offengelassen, wenn hierzu Erfahrungen gesammelt worden sind[24].

Somit sind Verstöße gegen die Bestimmungen des Datenschutzes und hieraus sich ableitende Schadensersatzforderungen nach dem geltenden Schadensersatzrecht zu berücksichtigen[25]. Da die Vorschriften des Bundesdatenschutzgesetzes über die Zulässigkeit der Verarbeitung geschützter Daten bzw. über die Verpflichtungen des Datenverarbeiters gegenüber dem Betroffenen als Schutzgesetze im Sinne von § 823 Abs. 2 BGB anzusehen sind, wird bei Verstößen gegen diese Vorschrif-

---

21 hierzu Nagel, Wirtschaftlichkeitsanalyse bei Datensicherungssystemen, IBM-Nachrichten, Heft 232, S. 295 ff.; Angermann/Thome, Ansätze für eine Kostennutzeranalyse des Datenschutzes, Data Report (1973), Heft 4, S. 18 ff.

22 vgl. Futh, Ein einfaches Verfahren zur Abschätzung von Kosten und Risiken der Datenschutz- und Sicherungsmaßnahmen, in Fiedler/Schulz/Dierstein, a.a.O., S. 227 ff.

23 BR-Drucksache 422/1/76 (9); Bericht über die 436. Sitzung am 25.6.1976, Seite 299.

24 Bericht und Antrag des Innenausschusses, BT-Drucksache 7/5277, S. 5.

25 Vgl. bei Auernhammer, Das Bundesdatenschutzgesetz, BB 77, S. 209.

ten ein Schadensersatzanspruch aus dieser Sachhaftungsnorm gegeben sein. Daneben wird jedoch auch aus § 823 Abs. 1 BGB bei Verletzung der Datenschutzvorschriften ein Schadensersatzanspruch abzuleiten sein. Wie bereits ausführlich dargestellt, sollen die Normen des Datenschutzgesetzes vor einer Verletzung des Persönlichkeitsrechts des Betroffenen schützen. Diese Vorschriften gestalten somit das Persönlichkeitsrecht des Betroffenen näher aus. Es ist anerkannte Rechtsprechung, daß das Persönlichkeitsrecht ein absolutes Recht ist, d. h. als ein sonstiges Recht im Sinne des § 823 Abs. 1 BGB geschützt ist. Insoweit kann es dahinstehen, ob der Gesetzgeber mit den Vorschriften des Bundesdatenschutzgesetzes die neue Rechtsqualität eines Rechts an dem eigenen Datum geschaffen hat, das dem allgemeinen Persönlichkeitsrecht zuzuordnen ist[26].
Die Schadensersatzansprüche umfassen neben allen Vermögensschäden auch Nicht-Vermögensschäden, wobei – bei gravierenden Verletzungen – sogar bei einem Nicht-Vermögensschaden von der Rechtssprechung ein Geldausgleich gewährt wird[27].
Bei einer Verletzung der Schutzvorschriften des Bundesdatenschutzgesetzes im öffentlichen Bereich ist die Haftung, sofern die personellen Voraussetzungen gegeben sind, aus dem Tatbestand der Amtspflichtverletzung nach § 839 BGB herzuleiten[28]. Bei der Geltendmachung des Schadensersatzanspruches liegt die Beweislast grundsätzlich bei dem Betroffenen.Jedoch wird man dem Betroffenen insofern bei der Beweisführung entgegenkommen müssen, als ihm nach geltendem Recht der Grundsatz der Organisationshaftung[29], des Primafaciebeweises und der Beweislastverteilung nach Gefahrenbereichen zugute kommen muß. Daher trifft die Darlegungs- und Beweislast für die Ordnungsgemäßheit der für den Schaden als ursächlich in Betracht kommenden datenverarbeitungstechnischen, organisatorischen Arbeitsabläufe die datenverarbeitende Stelle. Die gleichen Beweislastregeln gelten für die Entlastung der datenverarbeitenden Stelle bei der Haftung, für schädigendes Verhalten ihrer Verrichtungsgehilfen (§ 831 BGB), wobei jedoch darauf hinzuweisen ist, daß bei entsprechender Belehrung, Unterrichtung und Verpflichtung dieser Mitarbeiter auf das Datengeheimnis (§ 5) die Exculpationsmöglichkeit der datenverarbeitenden Stelle in der Regel gegeben ist.

---

26 So Auernhammer, BB 77, S. 210, vgl. hierzu auch ausführlich bei Meister, Datenschutz und Privatrechtsordnung, BB 1976, S. 1588.

27 Hinsichtlich der Erstreckung des § 847 BGB auf Nicht-Vermögensschäden bei Persönlichkeitsrechten durch die Rechtsprechung siehe z. B. BGHZ 26, S. 349ff.; 35, S. 363ff. = BB 1961, S. 102.

28 Hinsichtlich einer möglichen verschuldensunabhängigen Schadensersatzregelung im Rahmen der Staatshaftung durch Landesgesetze siehe Näheres bei Ruckriegel, a.a.O., S. 352 sowie die Vorschläge im 6. Tätigkeitsbericht des Hess. Datenschutzbeauftragten vom 10. 3. 1977, S. 16ff.

29 vgl. BGHZ 11, S. 151ff.; 24 S. 200ff.

2 Der allgemeine Teil des BDSG

Für den Praktiker ist es von Bedeutung, daß das BDSG sämtliche Bereiche des Lebens des Einzelnen, der Unternehmung und der öffentlichen Verwaltung betrifft. So verwundert es nicht, daß auch nach Verabschiedung des Gesetzes noch Kritik laut wurde.
Diese Kritik ist verständlich, wenn man sich vor Augen hält, daß das BDSG eine Querschnittsmaterie regelt und daher Raum für spezielle bereichsspezifische Ergänzungen lassen mußte. § 45 BDSG zeigt, daß bereits eine Vielzahl solcher bereichsspezifischen Regelungen besteht[30]. Weitere werden in Ergänzung des BDSG erlassen werden müssen, um den Datenschutz in speziellen Rechtsgebieten zu konkretisieren bzw. dem Schutz des BDSG anzupassen. Bei der Anwendung des BDSG ist es von Bedeutung, daß die im 1. Abschnitt des Gesetzes (Allgemeiner Teil) enthaltenen Regelungen auch in den Abschnitten 2–4 zur Anwendung kommen und die Grundregeln für den Datenschutz schlechthin enthalten.
Der Allgemeine Teil enthält im Einzelnen folgende Grundregeln des Datenschutzes und allgemeine Begriffsdefinitionen, die nachfolgend näher erläutert werden sollen

- Definition des Datenschutzes (§ 1), und der
- schützenswerten Daten (§§ 1 Abs. 2, 3; 2 Abs. 1, Abs. 3),
- die wichtigsten datenschutzspezifischen Begriffsbestimmungen, wie z. B. Betroffener, Speicherung, Veränderung, Übermittlung, Löschung, Datei (§ 2 Abs. 1 und Abs. 2),
- Zulässigkeit der Datenverarbeitung (§ 3),
- Rechte des Betroffenen (§ 4),
- Verpflichtung zum Datengeheimnis (§ 5),
- technische und organisatorische Maßnahmen (§ 6, sogenannte „Datensicherung").

2.1 Welche Daten werden geschützt

Aufgabe des Datenschutzes ist es, durch den Schutz personenbezogener Daten dem Mißbrauch bei ihrer Speicherung, Übermittlung, Veränderung und Löschung (Datenverarbeitung) entgegenzuwirken und die Beeinträchtigung schutzwürdiger Belange der Betroffenen zu verhindern. (§ 1 Abs. 1). Personenbezogene Daten im Sinne des BDSG sind gemäß § 2 Abs. 1 S. 1 Einzelangaben über persönliche und sachliche Verhältnisse einer bestimmten oder bestimmbaren *natürlichen* Person (Betroffener). Nicht geschützt werden aggregierte und anonymisierte Daten. Ferner werden nicht geschützt sonstige geheime Daten wie Betriebs- oder Geschäftsgeheimnisse.
Insbesondere im Bereich der Wirtschaft wird es oft schwierig sein, zu trennen, ob z. B. Kundendaten einer natürlichen oder juristischen Person zuzurechnen sind.

30 Hierzu sei insbesondere auf Gola, Hümmerich & Kerstan, Datenschutzrecht, Teil II verwiesen.

So werden Angaben über Zahlungs- und Geschäftsmoral oder unternehmerische Fähigkeiten etc. einer juristischen Person oft auch gleichzeitig Angaben über ihren Inhaber, Vorstand etc. enthalten. Soweit dies der Fall ist, unterliegen auch diese Daten dem Schutz des Gesetzes. Von den personenbezogenen Daten sind wieder solche Daten von den Bestimmungen des Gesetzes ausgenommen, die von Presse, Rundfunk oder Film ausschließlich zu eigenen publizistischen Zwecken verarbeitet werden.

Ansonsten fallen grundsätzlich alle personenbezogenen Daten unter den Schutz des BDSG, sofern zwei Voraussetzungen bei ihrer Verarbeitung erfüllt sind. Sie müssen einmal in *Dateien* verarbeitet werden. Zum anderen ist Voraussetzung für die volle Anwendung des BDSG, daß die Daten

zur Weitergabe an Dritte bestimmt sind oder
in automatisierten Verfahren verarbeitet werden (§ 1 Abs. 2 S. 2 BDSG).

Geschützt werden diese Daten, wenn sie in Dateien gespeichert oder übermittelt werden, ungeachtet der dabei angewandten Verfahren. Datei ist nach § 2 Abs. 3 Ziffer 3 „eine gleichartig aufgebaute Sammlung von Daten, die nach bestimmten Merkmalen erfaßt und geordnet, nach anderen bestimmten Merkmalen umgeordnet und ausgewertet werden kann“. Der Dateibegriff gilt unabhängig von dem bei der Erstellung verwandten Verfahren, also auch für manuell geführte Karteien etc. Nicht hierunter fallen Akten und Aktensammlungen, es sei denn, daß sie durch automatisierte Verfahren verarbeit werden können.

Der Dateibegriff des Gesetzes ist nicht eindeutig. Legt man die Bestimmung wörtlich aus, so werden für den Dateibegriff zumindest 4 Sortierkritierien der Datensammlung gegeben sein müssen[31]. In der Regel dürfte jede Kartei als Datei zu bezeichnen sein, während Telefonbücher- oder Listen die Dateimerkmale nicht erfüllen dürften. Man muß jedoch auch hier differenziert vorgehen, denn wenn solche Listen bzw. ihre Inhalte auf sortierfähigen Datenträgern liegen, ist dies bereits wieder zweifelhaft. Im Zuge der Verfeinerung der Bürotechnik werden zudem immer neue Konzeptionen entwickelt, deren Ziel gerade darin besteht, sowohl die Aufbewahrungstechnik einer Akte zu gewährleisten als auch eine karteimäßige Anordnung zu bieten. Typische Beispiele sind die mittels einer Laufschiene befestigten Akten mit Stanzungen, aufsteckbaren Symbolen u. ä., die zahlreiche Sortiermöglichkeiten bieten.

Bei derartigen Dokumentationsmedien ist sowohl der Dateibegriff als auch das Merkmal der Akte erfüllt. § 2 Abs. 3 Ziff. 3 Satz 2 ist in diesen Fällen gegeben, so daß es sich letztlich um eine Akte und damit nicht um einen Anwendungsfall des BDSG handelt. Daß gleichwohl auch der Dateibegriff erfüllt ist, ist in diesem Zusammenhang unschädlich, denn auch der Gesetzgeber geht offensichtlich davon aus, daß jede Akte auch eine Datei im Sinne des § 2 Abs. 3 Ziff. 3 ist. Andernfalls wäre es nicht notwendig gewesen, Akten und Aktensammlungen aus dem Datenbegriff hinauszunehmen und gesondert auszuweisen.

---

31 Rihaczek, Datenschutz – was nun –, Computerwoche v. 19. 11. 76; v. zur Mühlen, Datenschutz, Datensicherung, Sicherheitsberater, 76, Heft 24, S. 368.

Als ein zentrales Problem des allgemeinen Teils des BDSG stellt sich die Herausnahme der sogenannten „internen Daten“ aus dem Schutzbereich des Gesetzes dar. Den Begriff der „internen Daten“ kennt das Gesetz zwar nicht, er hat sich jedoch anstelle der Formulierung des Gesetzes „Nicht zur Übermittlung an Dritte bestimmt“ (§ 1 Abs. 2) eingebürgert. Diese Daten, die nicht zur Weitergabe an Dritte bestimmt sind und auch nicht in automatisierten Verfahren verarbeitet werden, unterliegen allein den in § 6 angeordneten technischen und organisaotrischen Maßnahmen über die Datensicherung.
Vom rechtspolitischen Standpunkt aus ist es schwierig, eine Begründung für die Herausnahme dieser Daten aus dem Schutz des Gesetzes zu finden. Der Innenminister des Landes Nordrhein-Westfalen hält diese Regelung sogar für „ebenso ungerechtfertigt wie unlogisch“[32]. Dagegen besagt die Begründung des Gesetzes, daß bei dieser herkömmlichen Verarbeitung von Daten für interne Zwecke eine besondere Gefährdung des Betroffenen nur in beschränktem Maße zu erkennen ist[33]. Andererseits ist jedoch nicht zu übersehen, daß das BDSG ansonsten die Schutzwürdigkeit personenbezogener Daten nicht nach den Verfahren beurteilt, nach denen diese verarbeitet werden.
Die Herausnahme der internen Daten führt im Einzelfall zu unbefriedigenden Ergebnissen. Personal- und Arbeitnehmerdaten werden im Betrieb grundsätzlich für interne Zwecke gesammelt, d. h. sie sind zunächst nicht zur Weitergabe an Dritte bestimmt. Werden diese Daten nun in Personaldatensystemen automatisch verarbeitet, so greifen die Vorschriften des BDSG ein, sofern nicht arbeitsrechtliche Spezialnormen (z. B. § 83 BetrVG) Vorrang haben. Werden dieselben Daten manuell verarbeitet, so gelten statt des BDSG ausschließlich die arbeitsrechtlichen Vorschriften des Personaldatenrechts, mögen diese grundsätzlich auch zu denselben Ergebnissen führen wie die Vorschriften des BDSG[34].
Noch unbeantwortet ist die Frage, welche Auswirkungen es hat, wenn personenbezogene Daten in Dateien primär zu internen Zwecken gespeichert werden, manchmal aber auch an Dritte weitergegeben werden. Klassisches Beispiel hierfür bilden in Karteien gesammelte Arbeitnehmerdaten, die in erster Linie internen betrieblichen Zwecken dienen, andererseits aber auch auf Grund einer Vielzahl gesetzlicher Vorschriften im Einzelfall weitergegeben werden müssen z. B. an die Hauptfürsorgestelle bei Kündigung für Schwerbeschädigte.
Bei der Abfassung des Gesetzes war weiter stark umstritten, unter welchen Bedingungen Daten, die allgemein zugänglichen Quellen (z. B. Telefonbücher) entnommen wurden, verarbeitet werden dürfen. Hier enthält das Gesetz jetzt für die Bereiche des 3. und 4. Abschnitts – je nach der Phase der Verarbeitung – gewisse Freiräume für den Verarbeiter (vgl. z. B. §§ 23 S. 2, 26 Abs. 4 Ziffer 4, § 32 Abs. 1 S. 2).
Eine ähnliche Problematik bestand hinsichtlich der sogenannten „freien“ Daten

32 So der Innenminister NRW Hirsch, ÖVD 7/8, 1976, S. 207.
33 Begr. Reg.-Entwurf a.a.O., S. 18.
34 So Hümmerich/Gola, BB 77, S. 150.

wie Namen, Titel, Geburtsdatum, Beruf, Anschrift und Rufnummer (vgl. §§ 24 Abs. 2, 32 Abs. 3), die nunmehr im privaten Bereich in Form von Listen frei übermittelt werden dürfen, sofern kein Grund zur Annahme besteht, daß dadurch schutzwürdige Belange des Betroffenen beeinträchtigt werden. Im öffentlichen Bereich wurden sogenannte freie Daten nicht eingeführt.
Hier muß darauf abgestellt werden, ob die in manuell geführten Dateien gespeicherten Daten *auch* zur Übermittlung an Dritte bestimmt sind. Wenn dies der Fall ist, greift das BDSG ein, denn andernfalls könnten zahlreiche Dateien, aus denen Daten weitergegeben werden, außerhalb des Anwendungsbereiches des BDSG liegen, nur, weil zum Zeitpunkt der Anlage der Datei die Motivation in der ausschließlich internen Verwendung der Daten bestand[34a].
Andererseits stehen sensitive Daten auch dann unter einem besonderen Schutz, wenn

- sie einem Berufs- oder besonderen Amtsgeheimnis unterliegen, bei der Übermittlung durch den berechtigten Empfänger (§ 10 Abs. 1, § 11 Satz 2, § 24 Abs. 1),
- sie gesundheitliche Verhältnisse, strafbare Handlungen, Ordnungswidrigkeiten sowie religiöse oder politische Anschauungen betreffen, durch die Verpflichtung zur Löschung, wenn sie nicht beweisbar sind (§ 27 Abs. 3, § 35 Abs. 3).

Auf die Problematik der „freien Daten" und der Daten „aus allgemein zugänglichen Quellen" wird im folgenden noch näher einzugehen sein.

2.2 Welche Datenverarbeiter sind betroffen

Bei der Diskussion um das BDSG war zunächst offen, ob das Gesetz sich nur auf die öffentliche Verwaltung oder auch auf die private Wirtschaft erstrecken sollte[35]. So regeln die vor Erlaß des BDSG bereits ergangenen Datenschutzgesetze der Länder Hessen[36] und Rheinland Pfalz[37] ausschließlich die automatische bzw. maschinelle Datenverarbeitung durch Landesbehörden. Das BDSG regelt dagegen die Datenverarbeitung durch Behörden wie durch Private, wobei das Gesetz bei den privaten Datenverarbeitern unterscheidet zwischen denjenigen, die geschäftsmäßig Daten für fremde Zwecke verarbeiten (4. Abschnitt des BDSG) und denjenigen, die die Verarbeitung der Daten allein für eigene, interne Zwecke betreiben (3. Abschnitt des BDSG)[38].
Für eigene Zwecke werden im wesentlichen Kunden- und Lieferantendaten sowie

34a Simitis, NJW 1977, S. 733.
35 Vgl. Begründung des Reg.-Entwurfs, a.a.O., S. 17.
36 Datenschutzgesetz vom 7. 10. 1970, GVBl I, S. 625 ff.
37 Gesetz gegen mißbräuchliche Datenverarbeitung (Landesdatenschutzgesetz) vom 17. 1. 1974, GVBL S. 31 ff.
38 Zur Abgrenzung der datenverarbeitenden Stellen des III. und IV. Abschnittes s. ausführlich bei Schweizer „Kernprobleme des Bundesdatenschutzgesetzes" (Teil I) DB, 1977, S. 298 ff.

Arbeitnehmerdaten verarbeitet. Unter Datenverarbeitung für fremde Zwecke versteht das BDSG die geschäftsmäßige, d. h. die auf Wiederholung ausgerichtete Verarbeitung von Daten. Hierunter versteht das Gesetz dabei sowohl die einfache Übermittlung von Daten, z. B. bei Auskunfteien und Adreßverlagen, als auch die anonymisierte Form der Übermittlung wie z. B. bei Meinugnsforschungsinstituten, sowie die Datenverarbeitung im Auftrag wie sie z. B. die Service-Rechenzentren betreiben.

Der Datenschutz für den öffentlichen Bereich wird durch das Bundesdatenschutzgesetz zunächst für die Bundesverwaltung, d. h. die Bundesbehörden und die bundesunmittelbaren öffentlich-rechtlichen Körperschaften Anstalten und Stiftungen geregelt. Für die Landes- und Kommunalbehörden, soweit sie Bundesrecht ausführen, gilt das BDSG ebenfalls (§ 7 Abs. 2), solange der Datenschutz nicht durch Landesgesetz geregelt ist. Dieser Vorrang des Landesrechts ist erst durch den Vermittlungsausschuß auf Vorschlag des Bundesrats eingefügt worden. Er soll erreichen, daß die Behörden eines Landes und seiner Kommunen gleiches Datenschutzrecht anwenden, gleichgültig ob sie Landes- oder Bundesrecht ausführen.

Das Datenschutzrecht der Länder wird für den Bürger von besonderer Bedeutung sein, da weitaus die meisten Behörden, mit denen der Bürger in Kontakt steht, Landesbehörden sind; handelt es sich nun um Polizei- und Meldebehörden, Gesundheits- und Sozialbehörden, Schulen oder Hochschulen[39].

Grundsätzlich gilt das BDSG somit für alle Stellen im öffentlichen und nicht-öffentlichen Bereich, die personenbezogene Daten verarbeiten. Anders ausgedrückt, das BDSG hat für alle datenverarbeitenden Stellen Gültigkeit, allerdings mit unterschiedlichen Folgen, die sich nach dem Zweck oder der Art der Datenverarbeitung richten und nach der Zahl der in der Verarbeitung personenbezogener Daten Beschäftigten.

2.3 Zulässigkeit der Verarbeitung

Das Gesetz geht im Gegensatz zu der bisherigen Rechtslage von dem grundsätzlichen Verbot der Verarbeitung personenbezogener Daten aus[40]. Anders ausgedrückt heißt dies, die Verarbeitung von geschützten personenbezogenen Daten bedarf jeweils einer besonderen Rechtfertigung. Die Verarbeitung ist nach § 3 daher nur zulässig:

---

39 Vgl. auch Röper, Über die Notwendigkeit von Landesdatenschutzgesetzen, DVBl. 74, S. 836ff. und Ruckriegel a.a.O., sowie demnächst Gola, Hümmerich & Kerstan, Datenschutzrecht III.

40 Im Gegensatz zum BDSG, das den Schutz der Daten bei ihrer Speicherung beginnen läßt, wird in der Wissenschaft teilweise die Auffassung vertreten, daß bereits jede Informationsgewinnung einen Eingriff darstellt, der einer Legitimation bedarf. Näheres hierzu Mallmann, Datenschutz in Verwaltungsinformationssystemen, München/Wien 1976 und Schwan, Datenschutz, Vorbehalt des Gesetzes und Freiheitsgrundrechte, Verw.Arch., Heft 2, S. 120ff.

1. wenn das BDSG oder eine andere Rechtsvorschrift sie erlaubt
oder
2. der Betroffene eingewilligt hat.

Die Einwilligung bedarf grundsätzlich der Schriftform, wobei es, sofern die Einwilligung mit anderen Erklärungen abgegeben wird, z. B. bei Unterschreiben eines Antragsformulars für einen Kredit, eines besonderen schriftlichen Hinweises hierauf bedarf.

Das Vorliegen einer Rechtfertigung für die Verarbeitung der Daten ist für jede einzelne Phase der Verarbeitung gesondert zu prüfen. Das Gesetz unterscheidet im Hinblick auf die Art der Verarbeitung der Daten folgende 4 Phasen (§ 2 Abs. 2 Nr. 1–4):

- Das „Speichern", d. h. das Erfassen, Aufnehmen und Aufbewahren von Daten auf einem Datenträger zum Zwecke ihrer weiteren Verwendung; die Regierungsbegründung gibt hierzu folgende Definition des Speicherns: „Der Begriff „Speichern" beschränkt sich auf den Vorgang der Aufbewahrung der Daten auf gewisse Dauer, er umfaßt also nicht den Fall, daß Daten nur zu einem bestimmten Zweck (z. B. Auftragsabwicklung) in dem Kernspeicher der EDV-Anlage aufgenommen, verarbeitet und sodann wieder gelöscht werden."
- Das „Verändern", d. h. die inhaltliche Umgestaltung gespeicherter Daten (z. B. auch durch Hineinstellen in einen anderen Kontext);
- Das „Übermitteln", d. h. die Weitergabe von Daten an Dritte, bzw. die Bereitstellung zum Abruf oder zur Einsichtnahme (Dritter ist jede Person oder Stelle außerhalb der speichernden Stelle, ausgenommen der Betroffene und eine im Auftrag für andere datenverarbeitende Stelle, d. h. auch konzernangehörige Firmen sind untereinander Dritte)[40a];
- Das „Löschen", d. h. das Unkenntlichmachen gespeicherter Daten.

Unter welchen Voraussetzungen im einzelnen die Datenverarbeitung in ihren jeweiligen Phasen gestattet ist, ist für die Bereiche öffentliche Stellen für eigene Zwecke tätige private Stellen und geschäftsmäßige private Datenverarbeitung für fremde Zwecke wie noch näher dargestellt wird, in Teilbereichen unterschiedlich geregelt.

Im öffentlichen Bereich ist die Datenspeicherung und -veränderung grundsätzlich zulässig, wenn sie zur rechtmäßigen Aufgabenerfüllung der speichernden Stelle erforderlich ist (§ 9 Abs. 2). Eine entsprechende Regelung gilt für die Übermittlung von Daten innerhalb des öffentlichen Bereichs (§ 10). Sieht man § 10 in Verbindung mit § 44 (Anwendung des Verwaltungsverfahrensgesetzes)[41] und den dort normierten Grundsätzen über die Amtshilfe, so erkennt man, daß die Kritik am unkontrollierten Datenverkehr innerhalb des öffentlichen Bereichs nicht unberechtigt ist[42].

Auch im privaten Bereich bestehen gewiß noch Probleme bei der Auslegung und

40a Hierzu Näheres 2.4
41 BGBl. I 76, S. 1253
42 Steinmüller, a.a.O., S. 76ff.

Anwendung der Vorschriften über die Zulässigkeit der Verarbeitung. Ohne Einzelheiten dieser Bestimmungen hier darzustellen, sei vorab beispielhaft auf folgendes hingewiesen. Das Gesetz gestattet die Verarbeitung der Daten in einer Reihe von Tatbeständen, soweit sie in der Zweckbestimmung eines Vertragsverhältnisses oder vertragsähnlichen Vertrauensverhältnisses mit dem Betroffenen liegt oder soweit sie zur Wahrung berechtigter Interessen der verarbeitenden Stelle erforderlich ist und kein Grund zu der Annahme besteht, daß dadurch schutzwürdige Belange des Betroffenen beeinträchtigt werden (§§ 23, 24 Abs. 1, 25). Ähnliche Formulierungen finden sich in einer Vielzahl an anderen Stellen im Gesetz. Diese Gesetzesformulierungen dürften wohl ein herausragendes Beispiel für eine Anhäufung unbestimmter Rechtsbegriffe sein, die einer sich widersprechenden Auslegung durch die betroffenen Seiten Tür und Tor öffnen, zumal Literatur und Rechtsprechung insoweit noch fehlen[43]. Hier wird sicher für die Rechtsprechung eine langwierige Aufgabe der Klärung bestehen. Dem einzelnen rechtsunkundigen Bürger, der über die Rechtmäßigkeit eines bestimmten Verarbeitungsprozesses seiner Daten Auskunft haben will, gibt der reine Gesetzeswortlaut jedenfalls wenig Hilfestellung.

2.4 Dritter im Sinne des BDSG

*Die Weiter*gabe von Daten an Dritte stellt einen Kristallisationspunkt des Datenschutzes dar. Werden Daten an Dritte weitergegeben, so unterliegen sie in jedem Falle dem Schutz des BDSG. Die Weitergabe ist andererseits grundsätzlich nur gestattet, wenn der Betroffene

- eingewilligt hat oder
- eine Rechtsvorschrift sie gestattet.

Solche Rechtsvorschriften, die die Weitergabe gestatten, können im BDSG selbst (z. B. §§ 24, 32 Abs. 2), aber auch in anderen Gesetzen (vgl. Datenschutzrecht II) enthalten sein. Werden Daten unbefugt übermittelt, d. h. Dritten bekanntgegeben (§ 2 Abs. 2 Ziffer 2), so greift die Strafsanktion des § 41 ein. Dritter im Sinne des BDSG ist gemäß § 2 Abs. 3 Ziffer 2 jede Person oder Stelle außerhalb der speichernden Stelle, ausgenommen der Betroffene und die im Auftrag tätig werdenden Datenverarbeiter.

Der Klärung bedarf zunächst der Begriff *außerhalb* der speichernden Stelle, wobei die Definition außerhalb juristisch oder funktional zu verstehen ist. Ein Beispiel mag dies erläutern: Gibt ein Operateur unbefugt Daten an den Pförtner des Betriebes weiter, so übermittelt er die Daten juristisch gesehen innerhalb der speichernden Stelle und ein strafbarer Verstoß gegen das BDSG läge nicht vor. Gleiches gelte, wenn z. B. die Personalabteilung beabsichtigte, vertrauliche Personaldaten von Arbeitnehmern im Betrieb publik zu machen. Eine rein juristische Be-

43 Wegen der mangelnden Bestimmtheit der Normen bezweifelt Bühnemann die Verfassungsmäßigkeit des Gesetzes, s. Bühnemann „Datenverarbeitung im nicht-öffentlichen Bereich", BB Beilage 1/1974.

trachtungsweise führt somit zu keinem befriedigenden Ergebnis. Es sollte daher erwogen werden, ob der Begriff des Dritten in extensiver Auslegung so verstanden werden kann, daß jede Person oder Stelle *außerhalb* der speichernden Stelle tätig wird, die nicht funktionell bei der Datenverarbeitung für die speichernde Stelle beschäftigt ist. Diese funktionelle Zuständigkeit müßte entweder aus der Organisation des Betriebes oder aus dem Gesetz (z. B. Betriebsverfassungsgesetz)[44] hergeleitet werden.

Eine weitere Problematik ergibt sich aus der bisher weitgehend unbeschränkten Weitergabe von Daten innerhalb von Konzernen. Rechtlich selbständige Unternehmen, die unter einer einheitlichen Leitung zusammengefaßt sind, bilden nach dem Aktienrecht einen Konzern. Da das BDSG jedoch konzernangehörige Betriebe, die juristisch voneinander selbständig sind, untereinander wie Dritte behandelt, ist der Datenfluß zwischen diesen verbundenen Unternehmen nur unter den eingeschränkten Bedingungen des 3. bzw. 4. Abschnittes des BDSG möglich. Sofern ein konzernangehöriger Betrieb als gemeinsames Rechenzentrum des Konzerns tätig wird, so wird dieser zu einem im Auftrag tätigen Gehilfen, der den Bestimmungen des 4. Abschnitts des Gesetzes unterliegt. Inwieweit ansonsten Daten, z. B. Arbeitnehmerdaten, innerhalb des Konzerns weitergegeben werden können, ist jeweils im Rahmen des Verhältnisses „weitergebender Betrieb“ – „Betroffener“ zu prüfen, nicht jedoch etwa am Vertragsverhältnis (z. B. Beherrschungsvertrag) der konzernangehörigen Firmen untereinander. Erst wenn die vertraglichen Beziehungen der konzernangehörigen Firmen derart sind, daß sie nicht mehr Dritte zueinander sind (z. B. infolge eines Betriebsführungsvertrages) ist diese Vertragsbeziehung relevant[45].

Ansonsten wird der unternehmensübergreifende Datenfluß unter der Geltung des BDSG nur noch in Ausnahmefällen gestattet. Dies gilt insbesondere auch für Personaldaten[46], wobei hier die Weitergabe nun in jedem Einzelfall im Rahmen der Zweckbestimmung des Arbeitsvertrages zu prüfen sein wird. Um Unklarheiten zu vermeiden, empfiehlt es sich hier, wie auch bei Kundendaten, von vornherein die Zustimmung zur Weitergabe der Daten innerhalb des Konzerns, bzw. an die Konzernmutter einzuholen.

2.5 Rechte des Betroffenen

Behörden, sonstige öffentliche Stellen (§ 7), natürliche oder juristische Personen, Gesellschaften oder andere Personenvereinigungen des privaten Rechts, die für eigene Zwecke (§ 22) oder geschäftsmäßig für fremde Zwecke (§ 31) personenbezogene Daten in Dateien speichern, verändern, löschen oder aus Dateien

44 Vgl. zu dieser Problematik Bühnemann, Datenschutz im nicht-öffentlichen Bereich, BB Beilage 1/1974.
45 Ehrlich, Unbeantwortete Fragen, Der Arbeitgeber 1976, Heft 4, S. 156.
46 Hierzu Näheres Gola, Datenschutz im Betrieb, Wann-Weitergabe von Personaldaten an Betriebsfremde, Online 76, S. 138.

übermittelt bekommen, werden mit folgenden Rechten des Betroffenen (§ 4) konfrontiert:

- Auskunftsrecht,
- Berichtigungsrecht (wenn die gespeicherten Daten unrichtig sind),
- Recht auf Sperrung (wenn Richtigkeit oder Unrichtigkeit nicht bewiesen wer-
- den kann),
- Recht auf Löschung der zu seiner Person gespeicherten Daten.

Das Recht auf Löschung steht dem Betroffenen wahlweise neben dem Recht auf Sperrung zu, wenn die ursprünglich erfüllten Voraussetzungen für die erstmalige Speicherung entfallen sind. Während bei der Löschung die gespeicherten Daten unkenntlich, d. h. vernichtet werden, bleiben die gesperrten Daten erhalten. Sie sind jedoch mit einem Hinweis auf die Sperrung zu versehen und dürfen grundsätzlich nicht mehr verarbeitet werden (§§ 14 Abs. 2, 27 Abs. 2, 35 Abs. 2). Hier werden u. U. die bisherigen Datenträger erst noch auf die Möglichkeit der Sperrung eingerichtet werden müssen[47].
Diese Regelungen werden in den Abschnitten 2-4 des Gesetzes modifiziert und insoweit im folgenden noch näher dargestellt.

2.6 Das Datengeheimnis

Neben die Rechte, die den Betroffenen vor dem Mißbrauch seiner personenbezogenen Daten bei der Datenverarbeitung durch die in § 1 Abs. 2 Nr. 1–3 genannten datenverarbeitenden Stellen schützen sollen, hat der Gesetzgeber in § 5 den Grundsatz des Datengeheimnisses zur Stärkung dieser Rechte gestellt. Aufgrund des Datengeheimnisses ist allen in den datenverarbeitenden Stellen tätigen Personen untersagt, geschützte personenbezogene Daten unbefugt zu einem anderen als dem zur jeweiligen rechtmäßigen Aufgabenerfüllung gehörenden Zweck zu verarbeiten, bekanntzugeben, zugänglich zu machen oder sonst zu nutzen.
Dem Datengeheimnis unterliegen folglich alle Personen, die im Rahmen *ihrer* Aufgabenstellung personenbezogene Daten zu verarbeiten haben; also nicht nur Mitarbeiter des EDV-Bereichs wie Operateure, Programmierer, Datenerfassungspersonal, sondern auch die Angehörigen der Fachabteilungen. Der Kreis erstreckt sich von Personalvorgesetzten, die geschützte Personaldaten über ihre Mitarbeiter im Zugriff haben, bis hin zum Hilfspersonal und Boten, die derartige Daten transportieren oder verwahren[48].
Gemäß § 5 Abs. 2 S. 1 haben die datenverarbeitenden Stellen die dem Datengeheimnis unterliegenden Beschäftigten nach Maßgabe von § 5 Abs. 1 zu verpflichten. Über die Form der Verpflichtung sagt das Gesetz nichts aus, jedoch hat sie unter Hinweis auf die Pflichten aus Abs. 1 individuell zu erfolgen.

---

47 Vgl. hierzu Hentschel, in Hentschel/Gliss/Beyer/Dierstein, Datenschutzfibel, Köln 1974. S. 17; Gola, Datenschutz aus Sicht der Personalabteilung, in Dierstein/Fiedler/Schulz a.a.O., S. 115.
48 Näheres v. zur Mühlen a.a.O., S. 372.

MUSTER

Verpflichtung zur Wahrung des Datengeheimnisses (§ 5 Bundesdatenschutzgesetz)

Bei der Verarbeitung geschützter personenbezogener Daten beschäftigten Mitarbeitern ist untersagt, diese Daten unbefugt zu einem anderen als dem zur jeweiligen rechtmäßigen Aufgabenerfüllung gehörenden Zweck zu verarbeiten, bekanntzugeben, zugänglich zu machen oder sonst zu nutzen. Diese Pflicht zur Wahrung des Datengeheimnis besteht auch nach Beendigung ihrer Tätigkeit fort.
Verstöße gegen das Datengeheimnis können nach § 41 Bundesdatenschutzgesetz und ggf. nach anderen Vorschriften bestraft werden. Eine Verletzung des Datengeheimnisses stellt ferner eine arbeitsrechtliche Verfehlung dar.

Hiermit bestätige ich

–

Vorname) (Name) (geb. am)

über meine Verpflichtung zur Wahrung des Datengeheimnis unterrichtet zu sein. Ich verpflichte mich, das Datengeheimnis zu wahren.

......................., den ....

....
(Unterschrift)

1) Original z. PA
2) Kopie für den Verpflichteten
3) Kopie DSB

Die Verpflichtung kann bei Einstellung oder, wenn die Tätigkeit in der Datenverarbeitung erst später übernommen wird, im Laufe des Beschäftigungsverhältnisses erforderlich werden.
Im öffentlichen Bereich kann dic Verpflichtung in der Regel bei Ablegung des obligatorischen Eides oder der entsprechenden Verpflichtung nach § 9 BAT erfolgen.
Im nicht-öffentlichen Bereich wird bei den Unternehmen ein Akt der förmlichen Verpflichtung auf das Datengeheimnis notwendig werden. Ausreichen würde es dabei nicht, eine generelle Verpflichtung am schwarzen Brett anzuhängen oder eine entsprechende Änderung der Betriebs- oder Arbeitsordnung den betroffenen Arbeitnehmern mitzuteilen. Bei Neueinstellungen kann eine entsprechende Verpflichtung im Arbeitsvertrag vorgenommen werden, während bei vorhandenem Personal eine Einzelverpflichtung je betroffenem Arbeitnehmer unerläßlich erscheint (Ein Muster einer Verpflichtungserklärung ist vorstehend wiedergegeben). Andererseits ist es notwendig, auch die Arbeits- oder Betriebsordnung um die Verpflichtungen des Datengeheimnisses zu ergänzen. Dem verpflichteten Mitarbeiter sollte ein Merkblatt über Inhalt und Auswirkungen des Datengeheimnis-

ses bei der Verpflichtung übergeben werden, das auch auf die sonstigen betrieblichen Geheimhaltungspflichten von geschäftlichen und sonstigen vertraulichen Unterlagen hinweist. Es sollte auch die Geheimhaltung von nach § 6 getroffenen Datensicherungsmaßnahmen und der Datenverarbeitungsprogramme beinhalten[49].

Die Verpflichtung auf das Datengeheimnis ist keineswegs nur deklaratorisch, vielmehr bringt sie praktische Konsequenzen für die datenverarbeitenden Stellen wie den Beschäftigten mit sich. Der Beschäftigte kann sich bei Verstoß gegen das Datengeheimnis nicht exculpieren, er ist z. B. nach § 41 und zivilrechtlich nach § 823 BGB im Obligo. Andererseits besteht für die datenverarbeitende Stelle zumindest im Rahmen des § 831 BGB eine Exculpationsmöglichkeit bei Verletzung des Datengeheimnisses durch einen Mitarbeiter.

2.7 Datensicherung

Um den Schutz personenbezogener Daten zu vervollständigen, wurde ein technischer und organisatorischer Maßnahme- und Zielkatalog als Anlage zu § 6 eingeführt. Hierbei handelt es sich hauptsächlich um Vorgaben im Hardware-, Software-, und Orgwarebereich.

2.7.1 Anlage zu § 6 Abs. 1 S. 1 BDSG

Folgende Maßnahmen sind nach der Anlage zu § 6 Abs. 1 Satz 1 zu treffen, soweit personenbezogene Daten auotmatisch verarbeitet werden und die Maßnahmen geeignet sind, diese zu schützen:

Zugangskontrolle

Verhinderung des Zugangs von Unbefugten zu DV-Anlagen. Gemeint sein kann hier nur die Zugangskontrolle zum Rechenzentrum, als einer kontrollierbaren Einheit, z. B. durch strengen closed-shop-Betrieb.

Bei dezentralen Einrichtungen der DV dürfte der Sinn des Gesetzes erfüllt sein, wenn der Zugriff auf die Anlage z. B. durch abschließbare Terminals nur auf den befugten Personenkreis beschränkt ist.

Abgangskontrolle

Verhinderung des unbefugten Entfernens von Datenträgern.

Speicherkontrolle

Verhinderung unbefugter Eingabe, Kenntnisnahme, Veränderung, Löschung.

Benutzerkontrolle

Verhinderung der unbefugten Benutzung von DV-Systemen und Teilsystemen einer Anlage.

Zugriffskontrolle

Gewährleistung, daß Berechtigte ausschließlich Daten benutzen können, für die sie Zugriffsberechtigung haben.

---

49 Vgl. hierzu auch Merkblatt der GDD „Dokumentation Nr. 1".

Übermittlungskontrolle
Gewährleistung, daß überprüft und festgestellt werden kann, an welche Stellen Daten übermittelt werden können.
Eingabekontrolle
Gewährleistung, daß nachträglich festgestellt werden kann, welche Daten, zu welcher Zeit, von wem in DV-Systeme eingegeben worden sind.
Auftragskontrolle
Gewährleistung, daß im Auftrag verarbeitete Daten nur entsprechend den Weisungen des Auftraggebers verarbeitet werden können.
Transportkontrolle
Gewährleistung, daß bei Übermittlung von Daten sowie beim Transport von Datenträgern diese nicht unbefugt gelesen, verändert oder gelöscht werden können.
Organisationskontrolle
Gestaltung der internen Organisation entsprechend den Datenschutzanforderungen.

Bei letzterer Maßnahme ist darauf hinzuweisen, daß dem Datenverarbeiter damit eine weitgehend individuelle betriebliche oder behördliche Gestaltungsfreiheit gewährt wird, die es ihm ermöglicht, die wirtschaftlichste und gleichzeitg datenschutzgerechteste Maßnahme zu treffen.

2.7.2 Problemfelder und Instrumente

Neben diesem vom Gesetz vorgegebenen Zielkatalog unterscheidet man zur Zeit bei den in der Anwendung befindlichen Maßnahmen folgende Gruppen[50]:

Maßnahmen zur Verhinderung von Risikofällen,
Maßnahmen zur Erkennung eingetretener Risikofälle,
Maßnahmen zur Beseitigung der Folgen eingetretener Risikofälle.

Es würde den Rahmen dieses Werkes sprengen, die Kombinationsmöglichkeiten der Wechselwirkungen von Risiken und Maßnahmen einzeln aufzuzeigen. Es werden deshalb beispielhaft Maßnahmen herausgegriffen, wobei auf den Unterschied bei der Interessenabwägung zwischen sensitiven oder nicht- bzw. weniger sensitiven personenbezogenen Daten nur am Rande eingegangen wird.
Führt man die abstrakt formulierten Maßnahmen auf konkret zu ergreifende Einzelfallmaßnahmen zurück, so kristallisieren sich

- organisatorisch zu ergreifende Maßnahmen,

50 S. hierzu Siemens AG, Datenschutz, Mittel und Maßnahmen für die DV (Damm-Studie); Kraus, Organisatorische und technische Maßnahmen zur Realisierung des Datenschutzes, DSWR 73, S. 329; Nagel, Datensicherung, Neuwied 74; Kiessig, Sicherheit in der DV, in: Computer-Praxis, 4/74, S. 108–111; Schweitzer, Datensicherung bei einer Großbank, Data-Report 5/73, S. 16–19; Horn, Datensicherung, 3/71, S. 99–103; Gerbach Besken, Maßnahmen für Datenschutz und Datensicherung, S. 472–476.

- technische Maßnahmen, insbesondere Hardware (Computer intern und extern) und
- Software (Programm-)Sicherungen heraus.

2.7.2.1 Organisatorische Maßnahmen[51]

Um nicht an den Risikofällen vorbei Maßnahmen zu ergreifen, empfiehlt es sich, eine Unterscheidung in sachliche, personelle und räumliche Maßnahmen zu treffen, wobei allerdings nicht übersehen werden darf – wie bei allen Maßnahmen –, daß diese betriebsabhängig sind und um so sicherer, je kleiner der Personenkreis ist. Im einzelnen wäre an folgende – nicht abschließend aufgezählte – Vorkehrungen zu denken:

Personelle Maßnahmen

Sicherheitsbeauftragter
Personalauswahl (Job Rotation)
Personaleinsatzplanung (Beschränkung des Personenkreises, Personalkontrolle)
Personalaus- und weiterbildung
ausdrückliche Verpflichtung auf Schutzbestimmungen
Funktionstrennung (z.B. Trennung von Aufsichts- und Durchführungskompetenzen)
Trennung von Operator und Benutzer (Personenidentifikation)

Arbeitsablauforientierte Maßnahmen

Closed-Shop Betrieb
Katastrophenpläne und -schutz
Archivordnungen
Programmaktensicherung
Transportsicherung
permanente maschinelle Wartung
Testregelungen

Räumliche und örtliche Maßnahmen

Standortwahl des Rechenzentrums
Datenevakuierung (tägliche Auslagerungen sensitiver Datenbestände)
Rettungsvorsorge
Einbruch-/Diebstahlsicherung
Spionage- und Sabotage-Vorsorge
Magnetstörung- und Radarsicherung
Simulation von Katastrophenfällen (Übungen)
Überraschende Inventuren

2.7.2.2 Hardware-Sicherungen

Bei den maschinentechnischen Vorkehrungen und denen im Software-Bereich anfallenden ist die Grenze in einigen Punkten fließend, wie bereits die Überlappungen einiger Kontrollmaßnahmen in der Anlage zu § 6 Abs. 1 Satz 1 zeigen. Der Grund ist darin zu sehen, daß bei der Entwicklung neuer EDV-Systeme Kontrollen eingebaut sind, die vorher mit Hilfe eines Programmes vorgenommen werden mußten; zum anderen beeinflussen sich Hard- und Software gegenseitig. Im einzelnen wäre an folgende Sicherungen im Hardware-Bereich zu denken:

51 Statt aller Horn, S. 101.

- Speicherschutz
- Nachrichtenchiffrierung
- Abgestufte technische Benutzeridentifizierung (Kennungsgeber)
- Schreibunterdrückung an Datenstationen
- ergänzender Speicherplatz
- Einschränkung von Lesezugriffen
- Maschinenverriegelung
- Zeituhr (Betriebsstundenzähler)
- Alarmgeber
- Fehlerdiagnostik und -korrektur
- Bytesicherung
- Nachrichtensteuerung
- Daten(-fern)-übertragungsprozeduren (Scramblereinführung)
- getrennte Energieversorgung (Umschalteinrichtungen)
- Duplexsysteme.

2.7.2.3 Software-Sicherungen

Software-Sicherungen oder, anders ausgedrückt, programmtechnische Vorkehrungen dienen u. a. der Überprüfung von Daten und Transaktionen, z. B. der Höhe der Gehaltszahlung, die bestimmte Werte nicht überschreiten soll, oder der Prüfung auf Überschreitung des Kreditlimits. Es darf allerdings nicht übersehen werden, daß die Kenntnis des Programmes es erst möglich macht, den Zugang zu Datenbanken und Daten zu erhalten.
Im einzelnen wäre an folgende Maßnahmen zu denken:

- Funktionsprüfprogramme
- Sicherheitsroutinen für Datenfernverarbeitung
- Benutzerkontrollen (abgestuftes Identifikations- und Autorisationsverfahren)
- Zugriffstabellen
- Protokollierung
- Verhindern von Handhabungsfehlern (z. B. durch Etikettroutinen, Fehlerroutinen)
- Blockierungen
- Bestandssicherungen
- Wiederaufnahmeverfahren
- Warteschlangensicherung
- Plausibilitätskontrollen
- Prüfzifferverfahren
- Zufallsgeneratoren
- Chiffrierung
- Codeprüfungen
- Satz- u. Blockzählungen

2.7.2.4 Resümee zur Datensicherung

Bei den hier in den verschiedenen Bereichen aufgezählten Sicherungsmaßnahmen darf nicht vergessen werden, daß

der Umfang der Sicherungen von der Schutzwürdigkeit und dem Vertraulichkeitsgrad der gespeicherten (nicht nur personenbezogenen) Daten abhängt und, daß

Sicherungsmaßnahmen allein durch Zeitablauf an Wirksamkeit verlieren können.

Gründe für letzteres können sein:

gesetzliche Änderungen
Veränderung der Schutzwürdigkeit
neue organisatorische Verfahren

Verschiebung von Zuständigkeiten
technische Weiterentwicklungen.

Die generellen Mindestanforderungen,[52] die der Datenschutzbeauftragte in Zusammenarbeit mit den Fachabteilungen, insbesondere der Innenrevision, an ein Schutz-Sicherungssystem, aufzustellen hat, sind:

Identifizierung der Benutzer
Zuordnung der Elemente des Systems, die Zugriffsrechte haben oder auf die zugegriffen werden darf
Festlegung der Beziehungen dieser Elemente zueinander
Sicherstellung der Sicherungen.

Generell kann zu den hier angeschnittenen Fragen festgestellt werden, daß die Datensicherung heute viel umfassender als gestern, jedoch nicht ausreichend für morgen ist.[53]

3. Datenverarbeitung der Behörden und sonstigen öffentlichen Stellen

3.1 Zulässigkeit der Verarbeitung

§ 7 Abs. 1 regelt den Anwendungsbereich des BDSG hinsichtlich der Behörden und sonstigen öffentlichen Stellen des Bundes, der bundesunmittelbaren Körperschaften, der Anstalten und Stiftungen des öffentlichen Rechts sowie der Vereinigungen solcher Körperschaften, Anstalten und Stiftungen. Das Gesetz gilt ebenfalls für öffentlich- rechtliche Unternehmen, die am Wettbewerb teilnehmen; bei diesen Unternehmen gilt jedoch von den Vorschriften des 2. Abschnitts nur die Regelung über den Bundes-Datenschutzbeauftragten (§§ 15–21). Im übrigen sind jeweils die Vorschriften des 3. bzw. des 4. Abschnittes anzuwenden.

Soweit Landes-Datenschutzgesetze[54] noch nicht verabschiedet sind, gelten die Vorschriften des 2. Abschnittes auch für Behörden und sonstige öffentliche Stellen der Länder, soweit sie Bundesrecht ausführen.

Die Befugnisse des Bundes-Datenschutzbeauftragten nimmt auf Länderebene jedoch jeweils der Landes-Datenschutzbeauftragte wahr, bzw. sie werden von Landes-Datenschutzkommissionen oder Landes-Datenschutzausschüssen, je nach dem, was die Landes-Datenschutzgesetze vorsehen, übernommen. In denjenigen Bundesländern, in denen noch keine Landes-Datenschutzgesetze bestehen oder die keine Landes-Datenschutzgesetze verabschieden werden, tritt somit hinsichtlich der Kontrolle durch einen Datenschutzbeauftragten eine Lücke ein. Gem.

---

52 s. DAMM-Studie, S. 57 ff.

53 Horn a.a.O.

54 S. insoweit den in dem Anhang befindlichen Musterentwurf des hessischen Datenschutzgesetzes, welcher dem 6. Tätigkeitsbericht des Hessischen Datenschutzbeauftragten vom 10. 3. 1977 entnommen wurde und der richtungsweisend für die Landesdatenschutzgesetze sein könnte.

§ 19 Abs. 1 reichen die Aufgaben des Bundesbeauftragten für den Datenschutz nur soweit, als es sich um Behörden im Sinne des § 7 Abs. 1 handelt. Daraus folgt, daß die Behörden und sonstigen öffentlichen Stellen im Sinne des § 7 Abs. 2, also beispielsweise Gemeinden und Gemeindeverbände, soweit sie Bundesrecht ausführen, zwar verpflichtet sind, das Bundesdatenschutzgesetz anzuwenden. Eine Überwachung der Gesetzesanwendung ist jedoch dem Bundesbeauftragten für den Datenschutz versagt.
Für Dienstverhältnisse im öffentlichen Bereich gilt der 2. Abschnitt des Bundes-Datenschutzgesetzes, von der Zuständigkeit des Bundesbeauftragten für den Datenschutz abgesehen, nicht. § 7 Abs. 3 bestimmt insoweit, daß anstelle der §§ 9–14 die §§ 23–27 entsprechend anzuwenden sind.
Normadressaten bezüglich des 2. Abschnitts sind jedoch nicht solche Stellen, die für die in § 7 Abs. 1 und 2 genannten Stellen personenbezogene Daten in deren Auftrag verarbeiten. Gem. § 8 Abs. 1 ist in diesen Fällen der Auftragnehmer unter besonderer Berücksichtigung der Eignung der von ihm getroffenen technischen und organisatorischen Maßnahmen sorgfältig auszuwählen. Die Haftung wird sich folglich im Rahmen des Auswahlverschuldens bewegen.
Die Zulässigkeit der Datenspeicherung und Datenveränderung richtet sich im öffentlichen Bereich danach, ob die Verarbeitung zur rechtmäßigen Erfüllung der in der Zuständigkeit der speichernden Stelle liegenden Aufgaben erforderlich ist (§ 9 Abs. 1)[55]. Zu beachten ist allerdings § 9 Abs. 2. Danach ist die Erhebung von Daten beim Betroffenen nur unter Angabe einer Rechtsvorschrift zulässig und, sofern eine solche Rechtsvorschrift nicht besteht, ist sie nur dann gestattet, wenn der Betroffene auf die Freiwilligkeit seiner Angaben hingewiesen wird.
Wenngleich dem Bundesdatenschutzgesetz trotz aller wechselvollen Überarbeitungen eine gewisse terminologische Reinheit nachgesagt werden kann, so ist § 9 Abs. 2 von diesem Lob auszunehmen. In § 9 Abs. 2 spricht der Gesetzgeber davon, daß Daten „erhoben“ werden; die Phase der „Datenerhebung“ ist in § 2 jedoch nicht definiert. Mit Datenerhebung dürfte demzufolge jede Datensammlung, Datenermittlung oder Datenspeicherung gemeint sein, so daß das Bundesdatenschutzgesetz in § 9 Abs. 2 offensichtlich über den allgemeinen Anwendungsbereich des Gesetzes, der durch § 2 Abs. 2 festgelegt ist, hinausgeht. Auch die mündliche Erfragung personenbezogener Daten könnte in diesem Sinne eine Datenerhebung sein.
Offensichtlich erscheint eine solche Auslegung vom Gesetzgeber gewollt; es dürfte deshalb eine reizvolle Aufgabe für die Rechtsprechung sein, die terminologischen Grenzen des § 9 Abs. 2 festzuschreiben. Auf alle Fälle ist der Begriff der Datenerhebung systemunlogisch und von daher bedenklich.
Der tatbestandliche Aufbau des § 10 Abs. 1, der die Übermittlung regelt, ent-

55 Gegen diese im Gegensatz zu den Regelungen für die freie Wirtschaft weitgehende „Ermächtigungsnorm“ für die öffentliche Verwaltung macht Dierstein u. a. verfassungsrechtliche Bedenken geltend. Siehe hierzu Näheres Dierstein, Geruch nach Ermächtigung, Computerzeitung vom 9. 2. 77; ders., FAZ vom 20. 3. 76.

spricht weitgehend der Regelung des § 9 Abs. 1. Die Datenübermittlung innerhalb des öffentlichen Bereichs ist zulässig, soweit sie zur rechtmäßigen Erfüllung der in der Zuständigkeit der übermittelnden Stelle oder des Empfängers liegenden Aufgaben erforderlich ist. Diese Klausel bedeutet die grundsätzliche Zulässigkeit der Übermittlung personenbezogener Daten innerhalb des öffentlichen Bereichs, zumal, wenn man § 10 BDSG in Verbindung mit den §§ 4–8 des Verwaltungsverfahrensgesetzes[56] liest.

Im Gegensatz zum grundsätzlich freien Datenverkehr innerhalb des gesamten öffentlichen Bereichs ist die Datenübermittlung an Stellen außerhalb des öffentlichen Bereichs nun in § 11 weitgehend eingeschränkt. Unter Stellen außerhalb des öffentlichen Bereiches sind nicht nur private Unternehmen und Personen zu verstehen, sondern auch Behörden und sonstige Stellen des öffentlichen Bereichs, die außerhalb des Geltungsbereichs dieses Gesetzes liegen, insbesondere über- und zwischenstaatliche Stellen. Ebenfalls keine Behörden und sonstige öffentliche Stellen sind die politischen Parteien. Wie das Bundesverfassungsgericht[57] in seinem Grundsatzurteil zur Parteienfinanzierung festgestellt hat, bilden die Parteien keine Teile des Staatsorganismus; sie sind vielmehr eine Art Vorstufe staatlicher Sphäre. Hieraus ergibt sich die Konsequenz, daß die Weitergabe personenbezogener Daten an Parteien nur zulässig ist in Rahmen der Regelung des § 11.

§ 11 Satz 1 bestimmt, daß die Übermittlung personenbezogener Daten an Personen und an andere Stellen als die in § 10 bezeichneten, zulässig ist, wenn sie zur rechtmäßigen Erfüllung der in der Zuständigkeit der übermittelnden Stelle liegenden Aufgaben erforderlich ist oder, soweit der Empfänger ein berechtigtes Interesse an der Kenntnis der zu übermittelnden Daten glaubhaft macht und dadurch schutzwürdige Belange des Betroffenen nicht beeinträchtigt werden. Neben dem, der Vorschrift des § 10 Abs. 1 nachgebildeten Tatbestand, der für die Zulässigkeit der Übermittlung auf die in der Zuständigkeit der übermittelnden Stelle liegenden Aufgaben abstellt, findet sich in § 11 eine weitere Regelung über die Datenübermittlung an Stellen außerhalb des öffentlichen Bereiches.

Die Übermittlung ist in dem Umfange zulässig, in dem der Empfänger ein berechtigtes Interesse an der Kenntnis der zu übermittelnden Daten glaubhaft macht und dadurch schutzwürdige Belange des Betroffenen nicht beeinträchtigt werden.

In dieser Regelung der Datenübermittlung aus dem öffentlichen Bereich wird teilweise eine neue, verstärkte Schutzvorkehrung[58] gesehen.

Dieser Optimismus scheint nicht ohne weiteres berechtigt, denn die zuletzt erwähnte Tatbestandsregelung enthält im Prinzip keine andere Ausgangsposition als sie bereits in der bisherigen Praxis der Verwaltung bestehender Brauch war. Sie dürfte nur insoweit verschärft worden sein, als neben dem berechtigten Interesse

---

56 Vom 25. 5. 1976, BGBl. I, S. 1253.

57 Urt. v. 19. 7. 1966 – 2 BvF 1/65 – NJW 1966, S. 1499 = DÖV 1966, S. 563 = JZ 1966, S. 517 = JuS 1966, S. 413 = DVBl. 1966, S. 635.

58 Begr. Reg.-Entwurf, a.a.O., S. 26.

nunmehr die schutzwürdigen Belange des Betroffenen, die nicht beeinträchtigt werden dürfen, gesondert aufgeführt werden.
Bei der Subsumtion unter die 2. Alternative des § 11 Abs. 1 ist ein strenger Maßstab anzulegen. Wenn Privatpersonen staatlichen Stellen personenbezogene Daten anvertrauen, so müssen sie auch darauf vertrauen können, daß diese Daten, insbesondere in der Form wirtschaftlich interessanter Sammelauskünfte, nur in Ausnahmefällen weitergegeben werden.
In verschiedenen Gemeinden hat sich bereits die Praxis eingebürgert, auf Wunsch der politischen Parteien diesen eine Liste der neu zur Gemeinde zugezogenen Einwohner zu übermitteln. Neben dieser aus melderechtlicher und hier jeweils nach Landesrecht zu beurteilender Sicht bedenklichen Verfahrensweise, dürfte eine solche Datenübermittlung, bei der es sich ja um eine Weitergabe von Daten aus dem öffentlichen Bereich an Stellen außerhalb des öffentlichen Bereichs handelt, nicht mit § 11 Abs. 1, 2. Alternative vereinbar sein.
Derartige Sammelauskünfte dienen den Ortsverbänden der Parteien dazu, neue Einwohner in einem ersten Schreiben anzusprechen und neben einer Begrüßungsfloskel für die Arbeit der jeweiligen Partei in der Gemeinde zu werben. Die Vereinigungsfreiheit des Artikel 9 GG umfaßt auch die negative Koalitionsfreiheit, d. h. jeder hat auch das Recht (und dies sind im vorliegenden Fall die schutzwürdigen Belange), sich außerhalb der politischen Willensbildung zu bewegen.
Es ist daher zu erwarten, daß § 11 die Verwaltungen der Gemeinden dazu übergehen lassen wird, von der erwähnten datenschutzwidrigen Vorgehensweise Abstand zu nehmen.
Wenngleich bei Beamtenverhältnissen § 7 Abs. 3 anzuwenden ist, so daß sich die Zulässigkeit der Datenübermittlung bei Dienstverhältnissen nach § 24 bemißt, so bleibt als Beispiel andererseits anzumerken, daß es zumindest mit dem Bundesdatenschutzgesetz vereinbar ist, wenn die Personalstellen der Behörden die Neueinstellung von Beamten den privaten Krankenkassen mitteilen. Derartige Angaben werden regelmäßig der Personalakte[59] entnommen, somit also keiner Datei im Sinne des § 2 Abs. 3 Ziff. 3, weshalb dieser Fall der Datenübermittlung nicht unter das BDSG subsumiert werden kann.

3.2 Auskunfts- und Benachrichtigungspflichten sowie sonstige Rechte des Betroffenen

Die §§ 12–14 sowie § 21 regeln die Rechte der von der Datenverarbeitung im öffentlichen Bereich Betroffenen. Bei diesen Rechten handelt es sich einmal um Ansprüche des Einzelnen gegenüber der Behörde; zum anderen normiert § 12 Abs. 1 die Pflicht der öffentlichen Stellen, die gespeicherten Daten in dem für ihren Bereich bestehenden Veröffentlichungsblatt für amtliche Bekanntmachungen zu veröffentlichen.
Entsprechend der bereits im 1. Abschnitt des Gesetzes festgelegten Konzeption

---

59 Vgl. hierzu Näheres bei Wilhelm. Die Personalakten, ZBR 1967, S. 97 ff.

verfügt der einzelne Bürger gegenüber der öffentlichen Verwaltung über folgende Rechte:

Recht auf Benachrichtigung (§ 12)
Recht auf Auskunft (§ 13)
Recht auf Berichtigung (§ 14 Abs. 1)
Recht auf Sperrung (§ 14 Abs. 2 Satz 1)
Recht auf Löschung (§ 14 Abs. 3)
Recht auf Anrufung des Bundesbeauftragten für den Datenschutz (§ 21)

Nimmt der Betroffene eines der vorstehend genannten Rechte wahr, so *muß* die Behörde tätig werden. Weigert sich die Behörde, dem Betroffenen die genannten Rechte einzuräumen oder bleibt sie untätig oder erhält der Betroffene einen abschlägigen Bescheid, so stellt sich die Frage, auf welchem Weg der Betroffene im Konfliktfall seine Recht wahrnehmen kann.
Hinsichtlich des Rechtsweges ist eindeutig, daß es sich hierbei um eine verwaltungsrechtliche Streitigkeit nicht-verfassungsrechtlicher Art handelt, die § 40 Abs. 1 VwGO den Verwaltungsgerichten zuweist. Die Gewährung der oben beschriebenen Rechte bewirken Handlungen von Amtswaltern, die diese in ihrer Eigenschaft als Träger öffentlicher Verwaltung ausführen bzw. nicht ausführen.
Zu überlegen bleibt, ob die Ausübung der in §§ 13ff. genannten Pflichten als Verwaltungsakt oder als schlicht hoheitliches Handeln zu qualifizieren ist. Hierbei muß man differenzieren zwischen der Auskunftserteilung sowie der Anrufung des Bundesbeauftragten für den Datenschutz und den übrigen Pflichten (Berichtigung, Sperrung und Löschung).
Auskünfte einer Behörde waren bereits nach bisheriger Rechtsprechung[60] keine Verwaltungsakte. Hiervon wurde nur dann eine Ausnahme gemacht, wenn in der Auskunft gleichzeitig die Zusage lag, bei einer künftigen Handlung entsprechend der erteilten Auskunft zu verfahren[61]. Für die Frage nach der gebotenen Klageart hatte dies zur Folge, daß entsprechend der bisherigen Rechtsprechung[62] und herrschenden Meinung in der Literatur[63] Auskunftsansprüche im Wege der Leistungsklage zu verfolgen waren.
Die Begründung dieser Argumentation bestand im wesentlichen darin, daß die bloße Auskunft weder ein Verbot noch ein Gebot enthält. Die Mitteilung einer Auskunft durch die Behörde besitzt daher keine unmittelbare Rechtswirkung nach außen, wie dies die allgemeine Definition des Verwaltungsakts verlangt. Ist die Auskunft nicht Verwaltungsakt, so ist sie als schlicht hoheitliches Handeln einzustufen.
Es fragt sich, ob durch die ausdrückliche Regelung der Auskunftserteilung durch

60 Siehe OVG Münster, OVGE 13, S. 167.
61 BVerwGE 31, S. 301.
62 VG Kassel DVBl. 1962, S. 641.
63 Beinhardt, DÖV 1965, S. 480; Redeker/von Oertzen, VwGO, 5. Aufl., § 42 Anm. 97.

Gesetz nunmehr in der Auskunft ein Verwaltungsakt erblickt werden kann. Diese Annahme erscheint nicht gerechtfertigt. Gleichfalls im Verwaltungsverfahrensgesetz (§ 25 VwVfG) sind Beratungs- und Auskunftspflichten der Behörde kodifiziert worden. Auch außerhalb personenbezogener Daten in Dateien, die automatisch verarbeitet werden oder zur Übermittlung an Dritte bestimmt sind, besteht somit für den Bürger heute ein Auskunftsanspruch gegenüber der Behörde. An der Rechtsnatur der Mitteilung hat sich durch die gesetzliche Verankerung nichts geändert, da nach wie vor die Auskunft ohne Verfügungs- oder Entscheidungscharakter ist. Sie stellt im Rechtsverhältnis zum Bürger ausschließlich eine Nebenpflicht zu einem etwaigen Verwaltungsakt dar.
Auch die Mitteilung des Bundesbeauftragten für den Datenschutz ist kein Verwaltungsakt. Hierdurch ergehen noch keine Anordnungen, sondern es werden ausschließlich Mitteilungen über tatsächliche Verhältnisse getroffen. Unterläßt es der Bundesbeauftragte für den Datenschutz, einer Anrufung durch einen Betroffenen nachzukommen, so steht dem Betroffenen die Leistungsklage zu.
Der Vorteil der Leistungsklage gegenüber der Verpflichtungsklage (die für den Fall, daß Auskunft und Anrufung des Bundesbeauftragten Verwaltungsakt wären, als Klageart zu wählen wäre) besteht für den Bürger darin, daß weder ein Vorverfahren durchzuführen ist, noch bestimmte Fristen eingehalten werden müssen. Wäre die Auskunft Verwaltungsakt und unterließe es die Behörde, die gewünschte Auskunft zu erteilen, so hätte der Betroffene frühestens nach Ablauf von 3 Monaten die Möglichkeit, Untätigkeitsklage gem. § 75 VwGO zu erheben. Der Umstand, daß die Auskunft der Behörde nach § 13 BDSG oder § 25 VwVfG nicht als Verwaltungsakt anzusehen ist, bedeutet für den Bürger daher keinen Nachteil.
Es bleibt ferner die Frage zu klären, wie die Rechte auf Berichtigung, Sperrung und Löschung ihrer Rechtsnatur nach einzuordnen sind. Bei diesen Maßnahmen, die auf Grund der genannten Rechtspositionen des BDSG vorgenommen werden, handelt es sich um Verwaltungsakte. Bei der Berichtigung, bei der Sperrung und auch bei der Löschung entscheidet die Behörde zugleich über das Bestehen oder Nichtbestehen eines Anspruchs des Betroffenen. Eine solche hoheitliche Maßnahme wirkt gestaltend auf das Grundverhältnis zwischen Bürger und Behörde ein. Bei der Berichtigung, Sperrung oder Löschung wird deshalb entweder ein Recht eingeräumt oder, wenn die Behörde von der Durchführung einer solchen Maßnahme absieht, beschränkt. Eine derartige Maßnahme geht zweifelsohne über den bloßen Realakt der Auskunft hinaus.
Will der Betroffene einen Berichtigungsanpruch geltend machen, und möchte er zuvor eine Auskunft über den Umfang der über ihn gespeicherten Daten erhalten, handelt die Behörde dann jedoch bezüglich beider Anträge nicht, so erscheint es ratsam, dem Betroffenen die Stufenklage gem. §§ 254 ZPO, 173 VwGO zu gewähren. Im Wege der Stufenklage macht der Kläger geltend, ihm zunächst Auskunft über die bei der Behörde gespeicherten Daten zu geben. Nachdem das Gericht über diesen Anspruch positiv entschieden hat und die beklagte Behörde die verlangte Auskunft erteilt hat, präzisiert der klagende Betroffene seinen Berichti-

gungs-, Löschungs- oder Sperrungsantrag; nach Auffassung des Oberverwaltungsgerichts Hamburg[64] ist die Anwendung der Stufenklage im Verwaltungsprozeß nicht ausgeschlossen.

Zusammenfassend kann gesagt werden, daß die Regelung in den §§ 12, 13 schlicht hoheitliches Handeln beinhaltet, die in § 14 geregelten Berichtigungs-, Sperrungs- und Löschungsansprüche hingegen Verwaltungsakte auslösen.

3.3 Der Bundesbeauftragte für den Datenschutz[65]

Mit dem Bundesbeauftragten für den Datenschutz wird eine neue Bundesbehörde geschaffen, die auf Bundesebene – ähnlich wie dies in Hessen bereits auf Landesebene praktiziert wird[66] – für die Durchführung des Datenschutzes im öffentlichen Bereich zu sorgen hat. Der Datenschutzbeauftragte ist also ein Kontrollorgan, das die Einhaltung des Gesetzes garantieren soll. Hierzu sind dem Bundesbeauftragten für den Datenschutz weitreichende Befugnisse zugewiesen: So sind die Behörden zur Auskunftserteilung verpflichtet. Sie haben dem Beauftragten für den Datenschutz Einsicht in alle Unterlagen und Akten zu gewähren, die in Zusammenhang mit der Verarbeitung personenbezogener Daten stehen. Dem Beauftragten ist jederzeit Zutritt zu allen Diensträumen zu gewähren. Der Beauftragte führt ein Register der automatisch betriebenen Dateien, in denen personenbezogene Daten gespeichert werden. Die Behörden und sonstigen Stellen sind verpflichtet, die von ihnen automatisch betriebenen Dateien beim Bundesbeauftragten anzumelden.

Eine Durchsetzung seiner Kontrollrechte steht dem Bundesbeauftragten entsprechend dem im Verwaltungsrecht gültigen Trennungsprinzip, wonach jede Behörde nur im Rahmen ihrer eigenen Zuständigkeit Hoheitsakte vornehmen kann, jedoch nur in bescheidenem Umfange zu. Verstöße gegen die Vorschriften des Bundesdatenschutzgesetzes oder gegen andere Datenschutzbestimmungen sowie sonstige Mängel bei der Verarbeitung personenbezogener Daten vermag der Bundesbeauftragte ausschließlich zu beanstanden. Die Effektivität der Arbeit des Bundesbeauftragten wird folglich nicht nur von seiner vorgesehenen Rechtstellung, sondern wesentlich von dem politischen Gewicht, das er seiner Aufgabe zu verschaffen vermag, beeinflußt werden[67]. Die positiven Erfahrungen mit der Institution eines Datenschutzbeauftragten in Hessen[68] sollten der Befürchtung entgegenwirken, daß der Datenschutzbeauftragte zu einem bloßen Beschwichtigungsargument der Exekutive wird.

Der Bereich, in dem besonders und in großem Umfang sensible Daten gesammelt und ausgewertet werden, der sog. „Geheimbereich" (§ 12 Abs. 2 Ziff. 1) unter-

---

64 DVBl. 1960, S. 178.

65 Gesell, Brauchen wir einen Datenschutzbeauftragten, ÖVD 74, S. 147ff.

66 Vgl. Herm. Weber, JuS 1971, S. 55f.

67 Hümmerich, Das Bundesdatenschutzgesetz, JuS 1977, S. 272.

68 Siehe 5. Tätigkeitsbericht des Hessischen Datenschutzbeauftragten, HessLT, Dr. 8/2475.

liegt hinsichtlich der Aufgabe, die der Bundesdatenschutzbeauftragte nach § 19 Abs. 3 Satz 3 auch hier wahrzunehmen hat, einer gewissen Beschränkung[69]. Nach § 19 Abs. 3 letzter Satz hängt es von der jeweils obersten Bundesbehörde ab, ob der Bundesdatenschutzbeauftragte oder ein von ihm Beauftragter Einsicht in Akten nehmen oder die Diensträume betreten darf. In der Regel wird bei Vorliegen einer Gefährdung der Sicherheit des Bundes oder eines Landes die zuständige oberste Bundesbehörde die Genehmigung versagen.

4 Die Datenverarbeitung nicht-öffentlicher Stellen

4.1 Zulässigkeit der Verarbeitung

4.1.1 für eigene Zwecke

Die Vorschriften des 3. Abschnittes gelten für natürliche und juristische Personen, Gesellschaften und andere Personenvereinigungen des privaten Rechts, soweit sie *geschützte* personenbezogene Daten als Hilfsmittel für die Erfüllung ihrer Geschäftszwecke oder Ziele verarbeiten (§ 22 Abs. 1 Satz 1). § 22 Satz 2 erläutert den Anwendungsbereich für öffentlich-rechtliche Unternehmen des Bundes und des Landes, soweit sie am Wettbewerb teilnehmen. Es fallen unter diesen Abschnitt ferner Personen, Gesellschaften und andere Personenvereinigungen, in deren Auftrag andere Personen oder Stellen personenbezogene Daten verarbeiten (§ 22 Abs. 2), mit der besonderen Maßgabe, daß der Auftraggeber den Auftragnehmer sorgfältig hinsichtlich der vom Auftragnehmer getroffenen technischen und organisatorischen Maßnahmen (§ 6 Abs. 1) auszuwählen hat.
Die Speicherung (§ 23), Übermittlung (§ 24), sowie Veränderung (§ 25) personenbezogener Daten durch nicht-öffentliche Stellen für eigene Zwecke ist grundsätzlich im Rahmen der Zweckbestimmung eines Vertragsverhältnisses oder vertragsähnlichen Vertrauensverhältnisses mit dem Betroffenen zulässig oder soweit es zu Wahrung berechtigter Interessen der speichernden Stelle erforderlich ist und nicht gegen schutzwürdige Belange des Betroffenen verstoßen wird[70].
Der Tatbestand der §§ 23, 24, 25 verfügt jeweils in Satz 1 über eine einheitliche Struktur. Man kann ihn aufteilen in 2 Alternativen: in der 1. Alternative ergibt sich die Zulässigkeit aus der Zweckbestimmung des vertraglichen (einschließlich des vorvertraglichen) Rechtsverhältnisses. In der 2. Alternative schreibt der Gesetzgeber die Vornahme einer Interessenabwägung vor.

---

69 Fiedler, Datenschutz und Gesellschaft, in Steinmüller, Informationsrecht und Informationspolitik, 1976, S. 179ff.

70 Bei der Weitergabe von Daten ist die Übermittlung von Daten an Behörden zu überprüfen. Hier werden insbesondere im Arbeitsverhältnis in weitem Maße Auskünfte verlangt, wobei eine rechtliche Grundlage für die Auskunftserteilung über die Arbeitnehmerdaten fehlt. Vgl. hierzu Näheres bei Gliss, Das Recht auf Weigerung, Computerzeitung vom 23. 2. 77; siehe auch Hümmerich/Gola, Personaldatenrecht, S. 158ff.

Das Verhältnis dieser beiden Alternativen zueinander hat der Gesetzgeber nicht explizit zum Ausdruck gebracht. So ist es denkbar, daß in jedem Falle, in dem vertragliche Rechtsbeziehungen bestehen, die erste und die zweite Zulässigkeitsvoraussetzung zum Zuge kommen können. Ebenso gut läßt sich die Auffassung vertreten, daß bei Bestehen vertraglicher oder vorvertraglicher Rechtsbeziehungen ausschließlich auf die erste Alternative abzustellen ist und daß nur bei Fehlen derartiger Rechtsbeziehungen allein die 2. Alternative in Betracht kommt. Läßt nämlich die Zweckbestimmung des Vertrages die Verarbeitung schon nicht zu, so bleibt für eine weitere Interessenabwägung kein Raum. Für die letztgenannte Ansicht spricht ferner, daß nicht recht einsehbar ist, weshalb der Gesetzgeber im Falle des Bestehens von Rechtsbeziehungen zwei Tatbestände, in allen anderen Fällen hingegen nur eine Zulässigkeitsvoraussetzung geschaffen haben sollte.
Bereits die Worte „Im Rahmen" machen deutlich, daß der Gesetzgeber im Falle des Bestehens eines Rechtsverhältnisses den Rahmen, und das heißt die Grenze der Zulässigkeit der Datenerfassung letztgültig festlegen wollte. Darüber hinaus läßt sich kein Fall denken, in dem nicht schutzwürdige Belange des Bewerbers unbeeinträchtigt blieben, wenn die Datenerfassung außerhalb der Zweckbestimmung des (vor)vertraglichen Rechtsverhältnisses liegt. Von daher schließt das Vorliegen der ersten Alternative die Möglichkeit des Eingreifens der zweiten Alternative aus[71].
Auf der anderen Seite muß gesagt werden, daß der Gesetzgeber, wenn er eine solche logische Alternativität gewollt hätte, Gelegenheit hatte, sie im Gesetz deutlich zum Ausdruck zu bringen.
Der hier erwähnte Streit ist im übrigen nicht nur akademischer Natur. Zwar wird nach beiden Alternativen die Prüfung in einer Vielzahl von Fällen auf das gleiche Ergebnis hinauslaufen. In Grenzfällen ist es jedoch denkbar, daß die Aufrundung der Zulässigkeitsfrage an die Zweckbestimmung zu präziseren Aussagen führt und dem Rechtanwender einen gewissen Wertungsspielraum – wie er bei Interessenabwägungen immer gegeben ist – entzieht, eben weil sich die Zweckbestimmung eindeutig anhand der im Vertrag vereinbarten Rechte und Pflichten feststellen läßt.
Bei einer systemlogischen Auslegung des BDSG scheint daher die Ansicht[72], die vom Bestehen einer echten Alternativität ausgeht, den Vorzug zu verdienen.
Die Terminologie der 2. Alternative ist nicht gerade glücklich gewählt. Ist die Speicherung eines Datums *erforderlich*, so wird man davon ausgehen können, daß zugleich die Voraussetzungen der Zulässigkeit gegeben sind. Es läßt sich ja wohl kaum annehmen, daß ein unbedingt erforderliches Datum nicht verarbeitet werden darf. Bei der Interessenabwägung wird man deshalb wohl zunächst auf die ob-

---

71 So wohl auch Dierstein, Geruch nach Ermächtigung, Computerzeitung vom 9. 2. 1977. Anderer Ansicht jedoch: Auernhammer, Das Bundesdatenschutzgesetz, BB 1977, S. 205ff.

72 Hümmerich/Gola, Auswirkungen des Bundesdatenschutzgesetzes auf das Personalwesen, BB 1977, S. 148ff.

jektive Nützlichkeit auf der Seite des Benutzers abstellen müssen und, wenn keine schutzwürdigen Belange des Betroffenen entgegenstehen, zu dem Ergebnis kommen, daß die Verarbeitung zulässig ist.

Ausgenommen von der Übermittlungsregelung des § 24 Abs. 1 sind die sogenannten freien Daten, das sind bestimmte Daten, die listenmäßig zusammengefaßt Auskunft über Angehörige einer Personengruppe geben (§ 24 Abs. 2). Bei diesen freien Daten handelt es sich um

1. Name
2. Titel, akademische Grade
3. Geburtsdatum
4. Beruf, Branchen- oder Geschäftsbezeichnung
5. Anschrift
6. Rufnummer.

Die Übermittlung dieser 6 Daten in listenmäßig oder sonst zusammengefaßter Form ist jedoch nur unbeschränkt zulässig, sofern dadurch schutzwürdige Belange des Betroffenen nicht beeinträchtigt werden. Ferner dürfen „zu der Angabe der Zugehörigkeit des Betroffenen zu einer Personengruppe" andere als die im vorstehenden Satz genannten Daten nicht übermittelt werden. Nach dieser Gesetzesformulierung fragt es sich, ob zu den 6 genannten Daten eben noch ein 7. Datum hinzutreten darf, das die Zugehörigkeit zu der Personengruppe kennzeichnet, oder, ob die Zugehörigkeit zu der Personengruppe sich aus einem der 6 genannten Daten ergeben muß, wie z. B. aus der Berufszugehörigkeit, der Anschrift, dem Titel etc. Nach dem Wortlaut des Gesetzes muß die 1. Aussage bejaht werden[73]. Andererseits kann die Kennzeichnung des Betroffenen zu einer bestimmten Personengruppe durchaus dessen schutzwürdige Belange beeinträchtigen. Mögen die Daten Name, Titel, Beruf, Anschrift usw. noch allgemein offenkundig sein, und daher nicht besonders schutzwürdig[74], so kann die Kennzeichnung des Betroffenen, zu einer bestimmten Personengruppe zu zählen (z. B. Angehöriger einer Partei, einer Gewerkschaft, einer Strafanstalt, eines Krankenhauses, einer bestimmten Einkommensklasse, oder auch nur Käufer einer bestimmten Automarke zu sein), durchaus dessen schutzwürdige Belange berühren, so daß wohl in der Regel eine besondere Kennzeichnung der mit den Daten 1 bis 6 listenmäßig zusammengefaßten Personen nicht zulässig sein wird.

Verschärften Datenschutzvorschriften unterstehen solche personenbezogene Daten, die einem Berufs- oder besonderem Amtsgeheimnis (§ 45 Satz 2 Nr. 1) unterliegen und die von der zur Verschwiegenheit verpflichteten Person in Ausübung ihrer Berufs- oder Amtspflicht übermittelt worden sind. Diese Daten dürfen vom Empfänger nicht mehr weitergegeben werden (§ 24 Abs. 1 Satz 2).

---

73 a.A. wohl Karad, Datenschutz in der unternehmerischen Wirtschaft, Köln 1976.
74 Vgl. bei Auernhammer, BB 77, S. 207.

4.1.2 für fremde Zwecke

Die geschäftsmäßige Speicherung personenbezogener Daten ist zulässig, soweit kein Grund zur Annahme besteht, daß dadurch schutzwürdige Belange des Betroffenen beeinträchtigt werden (§ 32 Abs. 1 Satz 1). Der Gesetzgeber schreibt also hier im Gegensatz zu den §§ 23 ff. im jeweiligen Einzelfall keine Interessenabwägung nach dem Verhältnismäßigkeitsprinzip vor. Für die in § 31 Abs. 1 Satz 2 Ziffer 2 genannten datenverarbeitenden Stellen, die die geschäftsmäßige Datenverarbeitung zum Zwecke der Auswertung der Daten in anonymisierter Form betreiben, hat das Gesetz von einer ausdrücklichen Regelung der Zulässigkeit der Speicherung abgesehen. Gleichwohl muß die Speicherung als zulässig angesehen werden[75]. Da hier eine Übermittlung der gespeicherten Daten durch die Zweckbestimmung dieser Unternehmen ausscheidet, sieht das Gesetz in § 36 Regelungen der Sicherung dieser Daten vor. Für diese Unternehmen gelten im übrigen die Zulässigkeitsvoraussetzungen des § 3. Schließlich gilt bei den geschäftsmäßigen Datenverarbeitern, die im Auftrag als Dienstleistungsunternehmen Daten verarbeiten (§ 31 Abs. 1 Satz 1 Ziffer 3), die Speicherung und Verarbeitung als zulässig, soweit die Daten nach Maßgabe des Auftrags verarbeitet werden, wobei sich die Rechtmäßigkeit des Auftrags wiederum nach den Voraussetzungen der für den Auftraggeber geltenden Zulässigkeitsvorschriften (z. B. § 23) richtet.

Hinzuweisen ist schließlich darauf, daß der Gesetzgeber im 4. Abschnitt die bei den materiell-rechtlichen Anspruchsgrundlagen des 3. Abschnitts (§ 23, 24) gültige 1. Alternative (Zweckbestimmung) nicht kodifiziert hat. Dieser Umstand erklärt sich daraus, daß zwischen Betroffenen und den geschäftsmäßigen Datenverarbeitern für fremde Zwecke keine Rechtsbeziehungen bestehen. Rechtsbeziehungen hat der Betroffene allenfalls zum Auftraggeber des Datenverarbeiters. Insofern wäre es überflüssig und sachwidrig gewesen, eine auf vertraglichen Rechtsbeziehungen aufbauende Rechtsgrundlage zu schaffen. Stattdessen ist der Gesetzgeber den Weg gegangen, den Datenverarbeiter zur Prüfung der Frage zu verpflichten, ob bei der Speicherung schutzwürdige Belange des Betroffenen tangiert werden.

Im Bereich der geschäftsmäßigen Datenverarbeitung ist die Übermittlung ähnlich wie die Speicherung nach der Art der datenverarbeitenden Stellen unterschiedlich geregelt. Die Auskunfteien und sonstigen Unternehmen im Sinne des § 31 Abs. 1 Satz 1 Ziffer 1 dürfen Daten nur übermitteln, wenn der Empfänger ein berechtigtes Interesse an ihrer Kenntnis hat. Dieses berechtigte Interesse, das zum Beispiel im Zusammenhang mit Kreditversicherungs- oder Dienstverträgen bestehen kann, ist schriftlich zu fixieren (§ 32 Abs. 2 Satz 2). Gleichfalls gilt für diesen Bereich der Datenverarbeitung die Ausnahmeregelung für die listenmäßige Übermittlung der sogenannten freien Daten (§ 32 Abs. 3). Für die datenverarbeitenden Stellen des § 31 Abs. 1 Satz 2 Ziffer 2 wurde, wie bei der Speicherung, auch

75 Vgl. hierzu im einzelnen Schweizer, Kernprobleme des Bundesdatenschutzgesetzes, Der Betrieb 77, S. 293.

bei der Übermittlung von einer besonderen Regelung abgesehen. Jedoch ist die Übermittlung bei Vorliegen der übrigen Voraussetzungen des § 3 zulässig. Die im Auftrag tätig werdenden Dienstleistungsunternehmen nach § 31 Abs. 1 Satz 1 Ziffer 3 dürfen schließlich Daten nur übermitteln, soweit das ihnen vom Auftraggeber aufgegeben ist, wobei dieser dies nur in dem für ihn geltenden Rahmen (z. B. § 24) gestatten kann.
Für die Veränderung von Daten gelten im übrigen die gleichen Voraussetzungen und Regelungen wie für die Datenspeicherung (§ 33).

4.2 Benachrichtigung des Betroffenen

4.2.1 Datenverarbeitung für eigene Zwecke

Nach § 26 Abs. 1 muß der Betroffene benachrichtigt werden, wenn erstmals zu seiner Person Daten personenbezogener Art gespeichert werden. Für den Fall, daß der Betroffene auf andere Art und Weise von der Speicherung Kenntnis erlangt, entfällt die Benachrichtigungspflicht. Weitere Gründe, die einer Benachrichtigung entgegenstehen, sind in § 26 Abs. 4 aufgezählt. Das Gesetz nennt hier Fälle, in denen das Interesse der speichernden Stelle, eines Dritten oder der Allgemeinheit an der Geheimhaltung dieser Daten das Interesse des Betroffenen an ihrer Kenntnis überwiegen soll. Demgemäß wurden Fallgruppen gebildet, in denen diese Interessenabwägung zum Ausschluß der Verpflichtung zur Benachrichtigung bzw. zur Veröffentlichung und zur anschließenden Auskunftserteilung führt (§ 12 Abs. 2, § 13 Abs. 2, 3, § 26 Abs. 4, § 34 Abs. 4). Im einzelnen handelt es sich um folgende Gründe, die die Benachrichtungspflicht ausschließen:

- das Bekanntwerden personenbezogener Daten gefährdet das Unternehmen erheblich und die Unterdrückung der Daten gegenüber dem Betroffenen trangiert dessen Interesse nicht,
- die Aufsichtsbehörde stellt gegenüber dem Unternehmen fest, daß das Bekanntwerden der Daten die demokratische Grundordnung gefährdet,
- Rechte Dritter werden durch die Bekanntgabe verletzt oder die Daten unterliegen Geheimhaltungsvorschriften,
- Daten werden aus allgemein zugänglichen Quellen entnommen,
- es handelt sich um gesperrte Daten, die durch Aufbewahrungsvorschriften erst nach festgelegten Zeitabläufen gelöscht werden dürfen.

Geschäftszwecke oder Ziele der speichernden Stelle sollen durch die Benachrichtigung oder Auskunft dann gefährdet sein, wenn durch die Auskunft Geschäftsgeheimnisse oder strategische Unternehmensinformationen mitgeteilt werden. Wie diese Gefährdung durch die Mitteilung über Daten *eines* Betroffenen eintreten könnte, erscheint fraglich. Karad[76] stellt ferner mit Berufung auf § 26 Abs. 4 S. 1 in Frage, ob zu Personalplanungszwecken gespeicherte Personaldaten der Benachrichtigungs- und Auskunftpflicht unterliegen, wobei er bereits die vorrangige Geltung des § 83 BetrVG übersieht.

76 So Karad a.a.O., zu § 26.

Die Benachrichtigung wird für die Unternehmen zumindest in der Einführungsphase des Gesetzes nicht unerhebliche Kosten verursachen. Dateien, die schon vor Inkrafttreten des Gesetzes bestanden, müssen nicht für die Benachrichtigung und Auskunft neu bearbeitet werden. Über Altdaten wird erst eine Benachrichtigung erforderlich, wenn sie erstmals übermittelt werden (§ 43 Abs. 3, 4). Im übrigen wird sich die Wirtschaft wohl rasch darauf einstellen, möglichst rationelle Verfahren der Benachrichtigung zu entwickeln, z. B. Hinweis auf dem Angebot, Werbeträger, Vertragsformular, Merkblatt im Betrieb etc.
Fraglich ist der Inhalt der Benachrichtigung, d. h. muß nur abstrakt mitgeteilt werden, daß Daten gespeichert werden oder muß die Benachrichtigung auch eine Aussage darüber enthalten, welche Arten von Daten gespeichert werden? Im privaten Bereich wird man an den Umfang der Benachrichtigungspflicht insoweit jedoch dieselben Anforderungen stellen müssen, wie sie das Gesetz an die öffentlichen Datenverarbeiter stellt (§ 12), die die Art der gespeicherten Daten ebenfalls anzugeben haben. Erst dadurch wird für den Betroffenen klar, ob es interessant ist, ggf. eie nähere Auskunft einzuholen. Bei extensiver Auslegung der §§ 24 Abs. 1, 34 Abs. 1 wird man daher die Auffassung vertreten können, daß die Benachrichtigung auch den abstrakten Inhalt des Datensatzes wiederzugeben hat.

4.2.2 Datenverarbeitung für fremde Zwecke

Die Benachrichtigung des Betroffenen durch Unternehmen des § 31 Abs. 1 S. 1 Ziff. 1 setzt ein in der Phase des erstmaligen Übermittelns der zur Person des Betroffenen gespeicherten Daten, d. h. wenn sie an Stellen außerhalb der speichernden Stelle weitergegeben werden oder solche Stellen Einsicht nehmen wollen (§ 2 Abs. 2 Ziff. 2 i. V. m. § 2 Abs. 3 Ziff. 2).
Die Benachrichtigung unterbleibt, wenn der Betroffene – wie im 3. Abschnitt – auf andere Weise von der Übermittlung Kenntnis erlangt hat und soweit es sich um listenmäßig oder sonst zusammengefaßte Daten über Angehörige einer Personengruppe handelt.
Ferner entfällt eine Benachrichtigung (§ 34 Abs. 4), wenn berechtigte Interessen einer dritten Person entgegenstehen oder wenn staatliche Stellen gegenüber der speichernden Stelle feststellen, daß staatliche Interessen gefährdet würden.

4.3 Rechte des Betroffenen

Hinsichtlich der Rechte des Betroffenen im nicht-öffentlichen Bereich ist davon auszugehen, daß sich datenverarbeitende Stellen und Betroffener gleichrangig gegenüber stehen. Dies ist ein Grundsatz des bürgerlichen Rechts, der allerdings mit der Praxis wenig gemein hat. Insbesondere ist in diesem Zusammenhang an die „Allgemeinen Geschäftsbedingungen" zu denken, die die Vertragsfreiheit für den Verbraucher auf ein Minimum reduzieren können. Nichts destoweniger geht das BDSG im nicht-öffentlichen Bereich von dem Grundsatz der Vertragsfreiheit aus. Dies zeigen die §§ 22–24, in denen die Rede von „Erfüllung der Geschäftszwecke" (§ 22 Abs. 1), „Vertragsverhältnis" (§ 23) und „vertragsähnlichem Vertrauensverhältnis" (§ 24) ist. Die Zulässigkeit der Datenverarbeitung richtet sich daher zunächst nach dem Willen der Parteien, d. h. der Einwilligung des Betroffenen. Fraglich ist jedoch, ob auch die sonstigen Rechte des Betroffenen vertraglich unter den Parteien abdingbar sind, d. h. zur Disposition der Parteien stehen. Dies wird wohl in der Regel verneint werden müssen. So hat die Rechtsprechung im Arbeitsrecht eine „Zustimmung" des Bewerbers bei der Erfassung unzulässiger Daten (§ 23) als nicht relevant angesehen[77]. Gleiches muß jedenfalls immer dann gelten, wenn unter den Parteien keine gleichrangige Machtposition besteht. Insoweit ist insbesondere auf die Bestimmungen des Gesetzes zur Regelung des Rechts der Allgemeinen Geschäftsbedingungen (AGB-Gesetz)[78] hinzuweisen. Im übrigen wird es jedoch als zulässig angesehen werden können, daß die Parteien besondere Regelungen über Durchführung der Auskunfts- und Berichtigungsrechte treffen. Ein völliger Ausschluß dieser Rechte, die Ausfluß des absoluten Persönlichkeitsrechts sind, ist unzulässig.

4.3.1 Auskunftsanspruch

Dieser Anspruch enthält das Recht des Betroffenen auf Auskunft über die zu seiner Person gespeicherten Daten, sowie bei automatischer Verarbeitung über diejenigen Stellen, an die Daten regelmäßig weitergegeben werden (§§ 26 Abs. 2, 34 Abs. 2.). Das Auskunftsverlangen muß schriftlich, soweit nicht eine andere Form angemessen ist, erfolgen und kann mit einem angemessenen Entgelt belegt werden, welches über die direkt zurechenbaren Kosten nicht hinausgehen darf (§ 26 Abs. 3, 34 Abs. 4). Ein Entgelt darf nicht erhoben werden, wenn sich herausstellt, daß es sich um unrichtige oder unzulässig gespeicherte Daten handelt. In den Fällen, in denen eine Benachrichtigung unterbleibt (§§ 26 Abs. 4, 34 Abs. 4), kann der Betroffene auch keine Auskunft verlangen.

Insoweit muß nochmals auf die Problematik der unterbleibenden Benachrichtigung und Auskunft über Daten, die aus allgemein zugänglichen Quellen stammen, hingewiesen werden. Da der Betroffene nicht davon informiert wird, daß solche Daten über ihn gespeichert sind, kann er nicht nachprüfen, ob sie tatsächlich aus solchen Quellen stammen. Eine Überwachung des Mißbrauchs der Regelung ist also durch den Betroffenen nicht möglich. Im übrigen erscheint es auch nicht einsehbar, warum durch die Speicherung solcher Daten keine schutzwürdigen Belange des Betroffenen tangiert werden sollen. Nach herrschender Ansicht in Rechtsprechung und Literatur ist die Schutzwürdigkeit von Daten über einen Betroffenen an dessen Belangen zu messen, das heißt, die Schutzwürdigkeit ist dann abzulehnen, wenn der Betroffene zulässig in eine Verletzung seines Persönlichkeitsrechts eingewilligt hat. Aufgrund dieser Überlegung hat der Bundesgesetzgeber auch im Falle der sogenannten „freien Daten" eine mutmaßliche Einwilligung des Betroffenen unterstellt.

---

77 Vgl. nähere Nachweise bei Hümmerich/Gola, Personaldatenrecht, S. 58.
78 Veröffentlicht im BGBl. v. 9. 12. 76 I/142, S. 3317.

Jedenfalls ist die Definition allgemein zugänglicher Quellen in Grenzfällen noch ein Problem. Es muß bei Auslegung des Begriffs zumindest unterstellt werden, daß es sich um in zulässiger Weise entstandene, allgemein zugänglich gemachte Quellen, d. h. um Daten, die generell zur Weitergabe an Dritte freigegeben wurden, handelt. Man wird z. B. nicht ohne weiteres behaupten können, daß die Besitzverhältnisse eines Bürgers von diesem, selbst wenn sie teilweise von jedem Nachbarn festellbar sind, als eine allgemein zugängliche Quelle freigegeben sind. Ferner kann es nicht statthaft sein, daß in unzulässiger Weise allgemein zugänglich gemachte Daten nun einer generellen Erlaubnis der Speicherung unterliegen.

Als Problem für die Wirtschaftsunternehmen wird verschiedentlich dargestellt, wie die Berechtigung, d. h. die Identität des Auskunftsersuchenden festgestellt werden kann. Sicherlich unterliegen die datenverarbeitenden Stellen der Pflicht sorgfältig zu prüfen, ob nicht ein Unbefugter Auskunft über einen Dritten begehrt. Andererseits wird die datenverarbeitende Stelle nicht die Auskunftserteilung von unzumutbaren Nachweisen über die Identität des Auskunftsersuchenden abhängig machen dürfen. Je nach Art der Auskunftserteilung kann die Abgabe der Auskunft aber von der Vorlage eines Ausweispapiers abhängig gemacht werden oder in Form des Einschreibens u. ä. erfolgen.

4.3.2 Berichtigungs-, Sperrungs-, Löschungsrecht

In Konsequenz des Auskunftsanspruchs kann der Betroffene verlangen, daß über ihn gespeicherte unrichtige Daten berichtigt werden (§§ 27 Abs. 1, 35 Abs. 1). Für den Fall, daß sich die datenverarbeitende Stelle und der Betroffene nicht über die Feststellung der Richtigkeit bzw. der Unrichtigkeit einigen können, so sind die Daten zu sperren (§§ 27 Abs. 2, 35 Abs. 2). Von diesem primären Sperrungsanspruch abgesehen, sind personenbezogene Daten ferner zu sperren, wenn sie für die Erfüllung des Speicherungszweckes nicht mehr erforderlich sind (§ 27 Abs. 2 Satz 2) oder bei Unternehmen, die geschäftsmäßig Datenverarbeitung für Fremde betreiben, am Ende des 5. Kalenderjahres (§ 35 Abs. 2 Satz 2).

Die Folgen einer Sperrung bestehen darin, daß derartige Daten zum einen mit einem entsprechenden Vermerk zu versehen sind und zum anderen nicht mehr verarbeitet, insbesondere nicht mehr übermittelt oder in sonstiger Weise genutzt werden dürfen (§§ 27 Abs. 2 Satz 3, 14 Abs. 2 Satz 3). Dieses Verbot gilt nur dann nicht, wenn die Nutzung zu wissenschaftlichen Zwecken, zur Behebung einer bestehenden Beweisnot oder aus sonstigen im überwiegenden Interesse der speichernden Stelle oder eines Dritten liegenden Gründen unerläßlich ist oder der Betroffene in die Nutzung eingewilligt hat (§ 14 Abs. 2 Satz 3, 2. Halbs.).

Dem Betroffenen steht ferner der Löschungsanspruch zu (§§ 27 Abs. 3, 35 Abs. 3). Der Löschungsanspruch in § 27 Abs. 3 knüpft an die gleichen Tatbestandsvoraussetzungen an, die das Sperrungsrecht des § 27 Abs. 2 kennt. Der Löschungsanspruch enthält allerdings weitergehende Konsequenzen als der Sperrungsanspruch. Löschen bedeutet (physisch betrachtet) „Vernichten von Da-

ten". Das Recht auf physische Vernichtung bewirkt folglich, daß das Löschen nach dem BDSG wesentlich weitergehend ist, als beispielsweise der Löschungsanspruch im Grundbuchrecht. Im Grundbuch werden entsprechend der Grundbuchordnung bestimmte Daten „gerötelt", wobei dann die ursprünglichen Eintragungen erhalten bleiben und praktisch nur deutlich gemacht wird, daß diese ursprünglichen Eintragungen keine Gültigkeit mehr haben und die sich an sie anschließenden Rechtsfolgen nicht mehr bestehen.
Anders als der Berichtigungs- und der Sperrungsanspruch verfügt der Löschungsanspruch über zwei unterschiedliche Komponenten: Es gibt eine Löschungsmöglichkeit, deren Realisierung in das Ermessen der speichernden Stelle gestellt wird (§ 27 Abs. 3 Satz 1) und einen Löschungsanspruch, auf dessen Durchführung der Betroffene einen uneingeschränkten Anspruch hat (§§ 27 Abs. 3 Satz 2, 35 Abs. 3 Satz 2).
Über das Ermessen im Sinne des § 27 Abs. 3 Satz 1 verfügt die speichernde Stelle, wenn der Speicherungszweck erfüllt ist und kein Grund zur Annahme besteht, daß durch die Löschung schutzwürdige Belange des Betroffenen beeinträchtigt werden. § 35 Abs. 3 Satz 1 macht es hingegen nicht zur Voraussetzung, daß die Kenntnis der personenbezogenen Daten für die Erfüllung des Zweckes der Speicherung nicht mehr erforderlich ist.
Neben dieser Ermessensentscheidung der speichernden Stelle besteht ein uneingeschränkt durchsetzbarer Anspruch, die Daten zu löschen (§§ 27 Abs. 3 Satz 2 und 3, 35 Abs. 3 Satz 2 und 3), wenn

- ihre Speicherung unzulässig war oder
- der Betroffene es verlangt und die Kenntnis für die Erfüllung des Zweckes der Speicherung nicht mehr erforderlich ist oder
- die speichernde Stelle die Richtigkeit von Daten über gesundheitliche Verhältnisse, strafbare Handlungen, Ordnungswidrigkeiten und religiöse oder politische Anschauungen nicht beweisen kann.

4.3.3 Weitergehende Ansprüche

Der Auskunftsanspruch ist bei Weigerung der datenverarbeitenden Stelle vor den ordentlichen Gerichten durchzusetzen, da es sich um bürgerlich-rechtliche Streitigkeiten handelt (§ 13 GVG). Auch die Folgeansprüche wie Berichtigung, Löschung oder Sperrung gehören vor die Zivilgerichte.
Weitere zivilrechtliche Ansprüche ergeben sich, wenn aus einer bei der datenverarbeitenden Stelle vorgenommenen oder unterlassenen Handlung beim Betroffenen ein Schaden entsteht. Zu § 823 BGB als Anspruchsgrundlage wurde bereits oben[79] einiges gesagt. Als weitere Anspruchsgrundlage kommen die Beseitigungs- und Unterlassungsansprüche nach § 1004 BGB in Betracht. Ein derartiger Anspruch greift ein, wenn die datenverarbeitende Stelle es unterläßt, unrichtige Daten zu berichtigen bzw. zu sperren oder bei für Geschäftszwecke nicht mehr er-

79 Vgl. 1.6.

forderlichen Daten nicht bereit ist, zu löschen. Im Gegensatz zum Ersatzanspruch gemäß § 823 BGB ist bei § 1004 BGB ein Verschulden der datenverarbeitenden Stelle nicht Voraussetzung für die Anspruchsberechtigung. Für das Eingreifen des Beseitigungsanspruchs kommt es folglich nicht darauf an, ob die datenverarbeitende Stelle die Unrichtigkeit eines Datums kannte oder kennen mußte.

4.4 Auswirkungen der Betroffenenrechte

Die im BDSG verankerten Rechte des Betroffenen stellen insbesondere hinsichtlich des Auskunftsanspruchs besondere Anforderungen an die Unternehmen, die durch den 3. und 4. Abschnitt erfaßt werden. Dabei stellen sich für die Zukunft folgende Fragen:
Das Gesetz spricht generell davon, daß Auskunft von der speichernden Stelle erteilt werden muß. Es sagt aber nichts darüber aus, wer bei der speichernden Stelle Auskunft geben soll. Dies kann der betriebliche Datenschutzbeauftragte sein, es kann aber auch die zuständige Fachabteilung – der Datenverwalter – oder aber eine übergeordnete Zentralabteilung im Unternehmen sein. In jedem Betrieb muß deshalb geklärt werden:

- Wer bearbeitet eingehende Auskunftsverlangen?
- Können die Auskünfte vollständig erteilt werden?
- Besteht eine Regelung, nach der die Auskunftserteilung verweigert werden kann oder muß?
- Wie soll das Kostendeckungsprinzip gehandhabt werden?
- Stellt der tatsächlich Berechtigte die Anfrage?
- Welche weiteren Folgen hinsichtlich Berichtigung, Sperrung oder Löschung können sich aus der Anfrage ergeben?

Bei der Beantwortung derartiger Fragen kann der betriebliche Datenschutzbeauftragte sicherlich eine Hilfe sein. Er ist nach dem Gesetz gehalten, sich und seine etwaigen Mitarbeiter so zu organisieren, daß er über eine vollständige Dokumentation der Dateien und Datenbanken mit personenbezogenem Inhalt verfügt, so daß er auch nachweisen können muß, *wo, was, wie* und *warum* abgelegt oder gespeichert worden ist.
Der gesetzliche Aufgabenkatalog prädestiniert den Datenschutzbeauftragten geradezu, ihn im Betrieb als Zentralstelle für Anfragen vorzusehen. Stellt sich der betriebliche Datenschutzbeauftragte eine umfassende Matrix der vorhandenen Dateien zusammen, so kann er schnell und gezielt diejenigen Auskünfte erteilen bzw. veranlassen, die unter Beachtung der oben angeschnittenen Überlegungen vom Betroffenen gewünscht werden.

4.5 Der betriebliche Datenschutzbeauftragte

Bereits vor Erlaß des BDSG hatten wohl die meisten größeren datenverarbeitenden Unternehmen Maßnahmen zur Durchführung von Datenschutz und Datensicherung in Angriff genommen, wobei das Schwergewicht ohne Zweifel auf dem

Gebiet der Datensicherung lag. Bei Durchführung dieser Aufgabe hatte sich gezeigt, daß neben den für diese Aufgaben zuständigen einzelnen Einheiten des Unternehmens (z. B. Organisation, Revision, Rechtsabteilung, Rechenzentrum, Fachabteilung) eine zentrale Zuständigkeit in der Person des Datenschutzbeauftragten erforderlich bzw. nützlich ist[80], um die Schutz- und Sicherungsmaßnahmen zu systematisieren, zu koordinieren und zu überwachen. Diese Figur des Datenschutzbeauftragten wurde dann auch in den Regierungsentwurf des BDSG[81] übernommen. Der Regierungsentwurf ging daher auf zwei Wegen vor, um die Einhaltung der Bestimmungen des Datenschutzes im Unternehmen sicherzustellen. Einerseits sah er die Einsetzung eines Datenschutzbeauftragten als innerbetriebliches Selbstkontrollorgan für solche Unternehmen vor, die geschützte personenbezogene Daten für eigene Zwecke verarbeiten, zum anderen hielt er eine externe Kontrolle dort für angezeigt, wo geschäftsmäßig Daten für Dritte verarbeitet werden. Das BDSG macht hier nun keinen Unterschied mehr. Vielmehr hat *jedes* Unternehmen, das *geschützte* personenbezogene Daten verarbeitet – gewisse Minimalforderungen an die Datenverarbeitung vorausgesetzt – einen Datenschutzbeauftragten zu bestellen.

Maßgebende Bestimmung für die Bestellung des betrieblichen DSB sind § 28 Abs. 1 und § 38 BDSG. Danach entsteht die Verpflichtung zur Bestellung des Datenschutzbeauftragten

- bei automatischer Datenverarbeitung von personenbezogenen Daten, falls *hierbei* in der Regel mindestens *fünf* Arbeitnehmer *ständig* beschäftigt sind,
- bei nicht-automatischer Verarbeitung, falls mindestens *zwanzig* Arbeitnehmer in der Regel *hierbei ständig* beschäftigt sind.

Die Arbeitnehmer müssen *ständig* beschäftigt sein, d. h. auf unbestimmte Zeit eingestellt sein. Nur vorübergehend beschäftigte Aushilfskräfte sind bei der Berechnung nicht zu berücksichtigen[82]. Die Arbeitnehmer müssen ferner *in der Regel* tätig sein. Gemeint ist also der regelmäßige Zustand des Betriebes. Zur Feststellung der Beschäftigtenzahl ist daher entscheidend, welche Arbeitnehmerzahl in dem regelmäßigen Betriebsablauf nicht nur vorübergehend, sondern im ständigen Arbeitsverhältnis beschäftigt ist.

Die Arbeitnehmer müssen schließlich *hierbei*, d. h. bei der Verarbeitung personenbezogener Daten eingesetzt sein. *Hierbei* beschäftigt bedeutet, daß ihre Tätigkeit durch diese Aufgabe wesentlich bestimmt sein muß. Allein die gelegentliche Benutzung einer Personalkartei durch verschiedene Bedienstete der Personalabteilung macht diese noch nicht zu Beschäftigten bei der Datenverarbeitung. Der

80 Vgl. Nagel, Praktische Hinweise zur Planung und Einführung eines Sicherungssystems, DSWR 73, S. 574ff.; Kraus, Organisatorische und technische Maßnahmen zur Realisierung des Datenschutzes, DSWR 73, 328.

81 BR-Drucksache 391/73.

82 Vgl. Einzelheiten hierzu bei Erdmann/Jürging/Kammann, BetrVG, § 1 Anm. 11, da § 1 BetrVG insoweit gleiche Kriterien als Voraussetzung für die Bildung eines Betriebsrats aufstellt.

für die Führung der Kartei zuständige Mitarbeiter, mag die Verwaltung der Kartei auch nicht seine Haupttätigkeit sein, ist jedoch bei der Berechnung des Kriteriums des § 28 Abs. 1 zu berücksichtigen. Kritisch wird die Berechnungsgrenze ferner, wenn im Rechenzentrum neben personenbezogenen Daten überwiegend andere Daten verarbeitet werden, jedoch alle Operateure, Locher, Programmierer etc. zu einem gewissen Prozentsatz eben auch ständig bei der Verarbeitung personenbezogener Daten tätig sind. Allein schon um Manipulationen zu vermeiden, werden hier alle diese Bedienstete des Rechenzentrums zu berücksichtigen sein[83]. Nicht zu leugnen ist, daß nach dieser Bestimmung die Grenze, wann ein Datenschutzbeauftragter zu bestellen ist, ungenau ist und für Manipulation ein gewisser Freiraum besteht. Andererseits sollte auch gesehen werden, daß die Bestellung eines Datenschutzbeauftragten durchaus im Interesse des Unternehmens liegt und im Grunde der Unternehmer gar keinen Anlaß zur Umgehung des Gesetzes hat.

Die dem Datenschutzbeauftragten gesetzlich zugewiesenen Aufgaben sind die gleichen geblieben, wie sie bereits im Regierungsentwurf vorgesehen waren. Ihm obliegt generell die Verpflichtung, für die Beachtung des *BDSG sowie anderer Vorschriften über den Datenschutz* Sorge zu tragen (§ 29 S. 1 BDSG). Hierbei kann er sich der Unterstützung der Aufsichtsbehörde bedienen, bzw. von dieser kontrolliert werden, wodurch seine Effektivität im Unternehmen sichergestellt wird. Bei der Ausübung seiner Tätigkeit hat er nach § 29 S. 2 die folgenden vier Pflichten:

Er muß

1. eine *Übersicht* über die Art der gespeicherten personenbezogenen Daten und über die Geschäftszwecke und Ziele, zu deren Erfüllung die Kenntnis dieser Daten erforderlich ist, über deren *regelmäßige Empfänger* sowie *über die Art* der eingesetzten automatisierten Datenverarbeitungsanlagen führen;
2. die *ordnungsgemäße Anwendung* der Datenverarbeitungsprogramme, mit deren Hilfe personenbezogene Daten verarbeitet werden sollen, überwachen;
3. die bei der Verarbeitung personenbezogener Daten tätigen Personen durch geeignete Maßnahmen mit den Vorschriften dieses Gesetzes sowie anderer Vorschriften über den Datenschutz, bezogen auf die besonderen Verhältnisse dieses Geschäftsbereichs und die sich daraus ergebenden besonderen Erfordernisse für den Datenschutz, vertraut machen;
4. bei der Auswahl der in der Verarbeitung personenbezogener Daten tätigen Personen beratend mitwirken.

Dieser Aufgabenkatalog ist jedoch nicht abschließend und stellt sicher in einigen seiner Aussagen nur einen unbedeutenden Ausschnitt der Tätigkeit des DSB dar. Berücksichtigt man, wie § 45 BDSG deutlich macht, daß eine *Vielzahl von Spezialvorschriften* des Datenschutzes besteht, dann erfaßt man erst die Komplexität seiner Aufgabe.

Der Datenschutzbeauftragte kann daher nicht etwa auf die in § 28 Ziffer 1–4 genannten Tätigkeiten beschränkt werden. Vielmehr muß er weitergehende Maß-

---

83 v. zur Mühlen, Datenschutz und Datensicherung, Sicherheitsberater 24/76, S. 370.

nahmen ergreifen können und mit entsprechenden Kompetenzen versehen werden. Dabei kann seine Tätigkeit so geregelt sein, daß er in reiner Stabsfunktion Überwachungs-, Koordinierungs-, Vorschlags- und Berichtsaufgaben hat. Es können ihm aber auch eigene Weisungs- und Linienaufgaben zugewiesen werden, was im Einzelfall sicher zweckmäßig ist. So wird er z. B. durch die Erstellung von Richtlinien, die dann er oder die Unternehmensleitung in Kraft setzt, und durch die Überwachung deren Befolgung für die ordnungsgemäße Auskunfterteilung an Betroffene (§§ 26, 34 BDSG) zu sorgen haben. Ferner wird er die Einhaltung, der in § 37 BDSG genannten Meldepflichten zu überwachen oder ggf. sogar selbst zu erfüllen haben.

Sollte der Datenschutzbeauftragte im übrigen bei der Erfüllung seiner Pflichten durch den Unternehmer behindert werden, so begeht ggf. der Unternehmer eine Ordnungswidrigkeit (§ 42), so daß er dazu neigen wird, dem sachverständigen Datenschutzbeauftragten volle Kompetenz einzuräumen.

Zu beachten ist schließlich, daß der Datenschutzbeauftragte nach seiner Aufgabenstellung nichts Neues ist; ähnliche betriebliche Beauftragte hat der Gesetzgeber im Wasserrecht, für den Bergbau, die Arbeitssicherheit und den Strahlen- und Immissionsschutz vorgeschrieben, wobei sich hier diese institutionalisierte Selbstüberwachung durchaus bewährt hat[84].

Nicht beachtet hat der Gesetzgeber die Anregung, die Bestellung des Datenschutzbeauftragten unter ein besonderes Mitbestimmungsrecht des Betriebsrats zu stellen und ihm das Recht und die Pflicht zur engen Zusammenarbeit mit dem Betriebsrat aufzugeben, wie es z. B. bei den Sicherheitsbeauftragten der Fall ist. Die dahingehende Forderung, die insbesondere von Gewerkschaftsseite[85] erhoben wurde, ist sicher insoweit nicht unbegründet, als der Datenschutzbeauftragte im Rahmen der Datenverarbeitung für eigene Zwecke neben dem Schutz von Kundendaten im wesentlichen den Schutz von in Personaldatenbanken und Personalinformationssystemen gespeicherten Arbeitnehmerdaten zu gewährleisten hat. Hier hat er gleichgelagerte Interessen und Pflichten wie der Betriebsrat, dem auch die Überwachung der Einhaltung der Datenschutzbestimmungen hinsichtlich der Personaldaten obliegt, wobei noch in der Diskussion ist, ob diese Datenschutzrechte des Betriebsrats erweitert werden sollen[86]. Selbstverständlich sollte jedoch eine Zusammenarbeit zwischen Datenschutzbeauftragtem und Betriebsrat sein, soweit der Schutz von Arbeitnehmerdaten betroffen ist. Eine solche Verpflichtung zur Zusammenarbeit, wie sie z. B. für den Sicherheitsbeauftragten gesetzlich vorgeschrieben ist (§ 1 ASiG), ergibt sich sinngemäß aus der gleichgelagerten Aufgabenstellung beider Institutionen (§ 80 Abs. 1 Ziffer 1 BetrVG). Zwar wurde auch kein ausdrückliches Recht der Belegschaft statuiert, den Datenschutzbeauftragten anzurufen. Dieses Recht wird aber wohl betriebsintern selbstverständlich sein, da der betroffene Arbeitnehmer sich sowohl an den Betriebsrat

---

84 Gola, Die Beauftragten sind unter uns, MDR 5/76.

85 z. B. Mechelhoff, Mitbestimmung beim Einsatz der EDV, Computerwoche v. 23. 7. 76.

86 Kilian, Integrierte Personalinformationssystem und Mitbestimmung, DSWR 75, S. 322.

wie an die staatliche Aufsichtsbehörde wenden könnte, und der Datenschutzbeauftragte so doch tangiert würde.

Ansonsten gibt das BDSG, bis auf die wohl selbstverständliche Auflage, daß der Datenschutzbeauftragte die zur Erfüllung seiner Aufgaben erforderliche Fachkunde und Zuverlässigkeit besitzen muß, keine Hinweise zur Person des DSB. Die Frage, ob bei einem möglichen Bewerber die erforderliche Fachkunde gegeben ist, kann nur im Vergleich mit dem, durch die gesetzlich zugeschriebenen Aufgaben sich ergebenden, Anforderungsprofil[87] beantwortet werden. Dieses Anforderungsprofil umfaßt sicher in den Grundlagen

juristische Kenntnisse,
DV-technisches Fachwissen,
organisatorische und pädagogische Fähigkeiten,
Verhandlungsgeschick und Durchsetzungsvermögen.

Welches Gewicht diesen einzelnen Komponenten zukommt, hängt davon ab, welche organisatorische Stellung dem Datenschutzbeauftragten im Unternehmen zugewiesen wird.

Daneben zeichnet sich ab, daß für die Tätigkeit des Datenschutzbeauftragten Fragen der Datensicherung, d. h. insbesondere der DV-technischen Sicherung, entgegen ursprünglichen Betrachtungsweisen, etwas in den Hintergrund treten. Wenn der Datenschutzbeauftragte z. B. die ordnungsgemäße Anwendung der zur Verarbeitung der personenbezogenen Daten eingesetzten Programme zu überwachen hat, so steht auch hier neben oder vor der DV-technischen Seite der juristische Aspekt der Zulässigkeit des Einsatzes dieser Programme in der Betrachtung.

Allein schon, weil der Arbeitsmarkt auf absehbare Zeit Fachkräfte mit der Erfahrung und Ausbildung eines Datenschutzbeauftragten nicht vorweist, werden die Betriebe bei der Ernennung des Datenschutzbeauftragten auf bereits vorhandene Mitarbeiter zurückgreifen. Hierfür spricht auch, daß der Datenschutzbeauftragte dann wenigstens von Anfang an mit den Problemen und spezifischen Gegebenheiten des Betriebes vertraut ist. Auf den ersten Blick mag es sich dann anbieten, einen Mitarbeiter mit der Position des Datenschutzbeauftragten zu betrauen, der sich bereits bisher mit diesen Fragen befaßt hat, wie z. B. den Leiter des EDV-Bereiches. Dies bedeutet kein Problem, wenn dieser die bisher ausgeübte Funktion dann aufgibt. Fraglich ist jedoch, ob beide Positionen in Personalunion ausgeübt werden können, was insofern sinnvoll wäre, weil in vielen datenverarbeitenden Betrieben der Datenschutzbeauftragte nicht full-time tätig sein wird. Das Gesetz sagt hierüber ausdrücklich nichts aus. Jedoch darf die Bestellung des Datenschutzbeauftragten nicht de facto eine Umgehung des Gesetzes bewirken, durch die der betriebliche Datenschutzbeauftragte in Interessenkonflikte gerät, die ihm die Erfüllung seiner Aufgabe als innerbetriebliches Selbstkontrollorgan unmög-

---

87 S. auch Gola, Anforderungsprofil für den jüngsten EDV-Beruf, Computerwoche 22/76 und Hergenhahn, Die Aufgaben des betrieblichen Datenschutzbeauftragten, IBM-Nachrichten, 75 Heft 227, 240ff.

lich machen.[88] Sinn der Einrichtung des Datenschutzbeauftragten war es ja, neben die – die Verarbeitung der Daten ausführenden – Fachabteilungen, die natürlich primär der Verpflichtung zur Beachtung der Datenschutzbestimmungen unterliegen, noch ein gesondertes Überwachungsorgan zu stellen. Daher wird es den Absichten des Gesetzes ohne Zweifel konträr laufen, z. B. den Leiter der Personalabteilung, der für die Verarbeitung der Arbeitnehmerdaten im Betrieb zuständig ist, gleichzeitig zum Datenschutzbeauftragten zu machen. Gleiches wird wohl in der Regel für den Leiter der EDV-Abteilung gelten, mag in einzelnen Betrieben die EDV-Abteilung auch oft nur als Erfüllungsgehilfe der Fachabteilung tätig werden, bei der die eigentlichen Datenschutzprobleme auftreten. Jedoch sollte schon im Sinne der Effektivität des Datenschutzbeauftragten eine klare Funktionstrennung zwischen datenverarbeitenden Stellen im Unternehmen und Datenschutzbeauftragtem erfolgen[89]. Eine weitere Fragestellung ergibt sich für die Konzerne, bei denen oft eine Tochter- oder die Muttergesellschaft für alle konzernangehörenden Betriebe die Datenverarbeitung als Serviceunternehmen im Sinne des 4. Abschnitts des BDSG zentral durchführt. Hier verbietet es das Gesetz nicht, daß ein Datenschutzbeauftragter für den Konzern bestellt wird, der in Personalunion die Funktion des Datenschutzbeauftragten in den einzelnen Betrieben wahrnimmt. Gewährleistet sein muß jedoch, daß die Bestellung für jedes Unternehmen förmlich mit vertraglicher Übertragung der entsprechenden Verpflichtungen erfolgt und die Arbeitskapazität die mehrfache Funktion zuläßt. Ebenfalls ist es nicht erforderlich, falls § 28 und § 38 BDSG gleichermaßen zutreffen, etwa zwei Datenschutzbeauftragte zu ernennen.

Wie eine entsprechende Untersuchung im Jahre 1975[90] gezeigt hat, wird von den Unternehmen überwiegend eine starke Kompetenz des DSB mit eigener Durchführungsverantwortung bejaht. Teilweise wird in den Unternehmen jedoch bewußt getrennt zwischen dem DSB und den für Sicherungsaufgaben zuständigen Stellen. Dabei ist jedoch zu beachten, daß der DSB in jedem Fall auch für die Sicherungsmaßnahmen zuständig ist, die das BDSG in § 6 vorschreibt. Diese Sicherungsmaßnahmen bezwecken aber eben nicht den Schutz des „Eigentums" oder „Besitzes" an Daten, sondern sollen die Interessen der Betroffenen schützen.

Bei der Diskussion um die gesetzliche Installation des Datenschutzbeauftragten waren die Meinungen durchaus kontrovers. Einmal wurde bezweifelt, ob es sinnvoll ist, den Datenschutzbeauftragten als Verantwortlichen für den Datenschutz in einem Unternehmen überhaupt gesetzlich vorzuschreiben. So würde es nach Lindemann/Nagel/Herrmann[91] den spezifischen Gegebenheiten des einzelnen Un-

88 Ebenso Auernhammer, Das Bundesdatenschutzgesetz, a.a.O. S. 211. Vgl. aber auch die gegenteilige Meinung in FAZ (ohne Verfasser) vom 25. 10. 76, Wer soll Datenschutzbeauftragter im Unternehmen werden?

89 Ebenfalls a. A. Konrad, Überlegungen und Maßnahmen im Hinblick auf das BDSG bei der BASF, Computerwoche vom 15. 4. 77.

90 Seidel/Bechmann, Datenschutz aus Sicht der Anwender, DVR 4/75, S. 341 ff.

91 Organisation des Datenschutzes, Neuwied 1975, S. 155 f.

ternehmens eher entgegenkommen, wenn die Durchführung des Datenschutzes allein in die Verantwortung der jeweiligen Leitung des Unternehmens gelegt würde.

Andererseits wird die Rolle des Datenschutzbeauftragten als nicht effektiv und für die Realisierung des Datenschutzes im Unternehmen als zu schwach angesehen[92]. Teilweise wurde dieser Kritik bereits in der endgültigen Gesetzesfassung Rechnung getragen. So wurde die Position des Datenschutzbeauftragten arbeitsrechtlich dadurch abgesichert, daß er kraft Gesetzes (§ 28 Abs. 3 S. 2 BDSG) Weisungen, die mit seiner fachlichen Meinung nicht übereinstimmen, nicht Folge leisten muß.

Das Gesetz fordert weiter eine der Funktion des Datenschutzbeauftragten angemessene organisatorische Stellung im Unternehmen direkt unterhalb der Führungsspitze. Schließlich wurde die Position des Datenschutzbeauftragten dadurch gestärkt, daß er hinter sich die Aufsichtsbehörde weiß, deren Hilfe er sich bedienen kann und deren mögliche Kontrolle seinen Argumenten im Betrieb Gewicht verleihen wird.

Das Gesetz fordert nicht, daß der Datenschutzbeauftragte als Arbeitnehmer in dem Unternehmen tätig sein muß. Es ist also auch denkbar, wie es z. B. das Arbeitssicherheitsgesetz für Beauftragte für die Arbeitssicherheit vorsieht[93], daß ein Externer zum Datenschutzbeauftragten bestellt wird, wobei hier jedoch beachtet werden sollte, daß dies im Hinblick auf die umfangreichen Informationen, die dem Datenschutzbeauftragten zugänglich werden, u. U. ein neues Sicherheitsrisiko bedeuten kann. Daß für die Bestellung eines externen Datenschutzbeauftragten ein Markt besteht, haben einschlägige Beratungsunternehmen auch schon erkannt. So werden den Unternehmen Dienstleistungspakete angeboten, die u. a. die Stellung eines Datenschutzbeauftragten, ggf. sogar als Leih-Teilzeitangestellter enthalten. Dieser Datenschutzbeauftragte soll ggf. zusammen mit anderen Fachkräften des Beratungsunternehmens den Aufbau der Datenschutzorganisation vornehmen, die Mitarbeiter in der Beachtung des Gesetzes ausbilden und entsprechende unternehmensinterne Richtlinien erarbeiten. In rascher Einstellung auf die neuen gesetzlichen Gegebenheiten wird ferner in diesem Zusammenhang auch bereits eine Haftpflicht- und Rechtsschutzversicherung zur Abdeckung der aus dem Bundesdatenschutzgesetz entstehenden neuen betrieblichen und persönlichen Risiken (§§ 41, 42 BDSG) angekündigt.

4.6 Die Aufsichtsbehörden

Neben den betrieblichen Datenschutzbeauftragten ist im 3. u. 4. Abschnitt zu seiner Unterstützung eine jeweilig nach Landesrecht zuständige Aufsichtsbehörde gestellt. Auch wenn der betriebliche Beauftragte mit erheblich weniger Aufwand

92 Schimmel/Steinmüller, a.a.O., S. 164f.

93 § 5 des Gesetzes über Betriebsärzte, Sicherheitsingenieure und andere Fachkräfte für Arbeitssicherheit v. 12. 12. 1973, BGBl. I S. 1885.

sehr viel von dem tun kann, was bei der Aufsichtsbehörde einen wesentlich größeren Aufwand erfordert, macht er diese dennoch nicht überflüssig, da der evidente Interessenkonflikt des betrieblichen Beauftragten sonst die Wirksamkeit seiner Kontrolle beschneiden könnte. Die Notwendigkeit einer externen Kontrolle, wie sie hier geregelt wurde, ist angesichts der Gefahren, die die Datenverarbeitung für den Betroffenen mit sich bringt, zu bejahen. Nach der Konzeption des Gesetzes wird diese externe Kontrolle von der jeweils zuständigen Aufsichtsbehörde gem. § 30 BDSG im Einzelfall nach dem Prinzip einer Anlaßaufsicht ausgeführt, d.h. dann, wenn ein Betroffener begründet darlegt, bei der Verarbeitung seiner personenbezogenen Daten in seinen Rechten verletzt worden zu sein. Des weiteren hat sie den betrieblichen Datenschutzbeauftragten zu unterstützen, wenn er sich an sie wendet (§ 30 Abs. 2 Satz 2, § 40 Abs. 1 in Verbindung mit § 29 Abs. 1 Satz 2).
Dieses System der subsidiär abgestuften Kontrolle der Aufsichtsbehörde erscheint für diesen Anwendungsbereich des Gesetzes als praktikabel und effizient. Allerdings ist zu beachten, daß diese Lösung zwar (bei entsprechender Ausgestaltung der Position des betrieblichen Datenschutzbeauftragten im Falle einer Novellierung) abgestuft werden kann, andererseits aber auch das Minimum an Schutz für den Betroffenen darstellt.
Natürliche und juristische Personen, Gesellschaften und andere Personenvereinigungen des privaten Rechts, sowie öffentlich-rechtliche Unternehmen, die am Wettbewerb teilnehmen, sowie ihre Zweigniederlassungen und unselbständige Zweigstellen des 4. Abschnittes haben der zuständigen Aufsichtsbehörde (§ 40) binnen eines Monats folgende Angaben zu melden:

- Name oder Firma der personenbezogene Daten speichernden Stelle,
- Inhaber, Vorstände, Geschäftsführer oder sonstige Leiter oder mit der Leitung der DV beauftragte Personen,
- Anschrift der Firma,
- Geschäftszwecke oder Ziele der Firma und der Datenverarbeitung,
- Art der eingesetzten automatisierten DVA,
- Name des Datenschutzbeauftragten,
- Art der von ihr oder in ihrem Auftrag gespeicherten personenbezogenen Daten,
- Empfänger und Art der übermittelten Daten, soweit die Übermittlung regelmäßig geschieht.

Diese von den nicht-öffentlichen Stellen zu machenden Angaben werden bei der zuständigen Stelle in ein Register eingetragen (§ 39).
Das Gesetz spricht generell von Aufsichtsbehörden und überläßt es den Bundesländern, die für den Datenschutz zuständigen Behörden zu benennen (§ 30 Abs. 5). Dabei ist für den Bereich, der kommerziell mit Daten umgeht und Handel treibt, davon auszugehen, daß die Aufsichtsbehörde keine zentrale Behörde sein wird, sondern daß die durch das BDSG zugeordneten Aufgaben im Rahmen der Gewerbeaufsicht nach der Gewerbeordnung und sonstigen gewerberechtlichen Gesetzen wahrgenommen werden. Dies impliziert auch § 30 Abs. 4 i.V. m. § 40

Abs. 2, der die Anwendung der Gewerbeordnung auf die den Vorschriften des 4. Abschnittes unterliegenden Gewerbebetriebe unberührt läßt.
Der andere Teil des nicht-öffentlichen Bereiches, wie z. B. Versicherungen, Banken, Industrie und Handel, in dem Datenverarbeitung als Mittel zum Zweck betrieben wird, muß entweder den Fachaufsichtsbehörden oder einer zentralen Aufsichtsbehörde zugeordnet werden. Hierbei ist zu beachten, daß die hier vorgesehene Kontrolle den Gesichtspunkt der Freiheit der Berufsausübung ebenso beachtet wie den der Freiheit im wirtschaftlichen Verkehr.
Praktikabilität und Effektivität der Aufsichtsbehörden werden in einem nicht geringen Umfang davon abhängen, ob und inwieweit es gelingt, die betriebliche Kontrolle mit der staatlichen Aufsicht so harmonisch zu verzahnen, daß diese Institutionen nicht gegeneinander, sondern miteinander arbeiten.

5. Straftaten

5.1 Straf- und Bußgeldnormen des BDSG

Das BDSG enthält in seinem 5. Abschnitt (§§ 41–42) Straf- und Bußgeldvorschriften, die einen Verstoß gegen Datenschutzbestimmungen des BDSG teilweise unter Strafe stellen, teilweise als Ordnungswidrigkeiten ahnden. Unter Strafe gestellt wird die unbefugte Verarbeitung von Daten in Form des Übermittelns und Veränderns. Ferner wird mit Freiheitsstrafe bis zu einem Jahr oder mit Geldstrafe derjenige bestraft, der Daten unbefugt abruft oder sich aus in Behältnissen verschlossenen Dateien verschafft. Unbefugt handelt derjenige, der zu der genannten Verarbeitung der Daten keine Berechtigung gemäß § 3 BDSG hat, d. h. ohne Zustimmung des Betroffenen oder ohne eine gesetzliche Erlaubnis handelt. Die Tat setzt Vorsatz bei dem Täter voraus. Handelt der Täter gegen Entgelt oder in Bereicherungsabsicht, so kann die Freiheitsstrafe bis zu 2 Jahren verschärft werden (§ 41 Abs. 2). Die Tat wird nur auf Antrag verfolgt. Im übrigen wird der Verstoß gegen die Auskunfts-, Benachrichtigungs- und Meldepflichten, das Unterlassen der Bestellung des DSB und Pflichtversäumnisse gegenüber der Aufsichtsbehörde als Ordnungswidrigkeit mit einem Bußgeld bis zu 50 000 DM geahndet. Dem Bußgeld unterliegt jeder, der den Gesetzesverstoß begeht, d. h. nicht nur der Inhaber der Datenverarbeitungsanlage, der Unternehmer, sondern auch die sonstigen gesetzlichen Vertreter sowie Personen, die beauftragt sind, in eigener Verantwortung die Aufklärungs- und Auskunftspflichten zu erfüllen (vgl. § 10 OWiG). Hat jemand als gesetzlicher Vertreter einer juristischen Person oder als Gesellschafter einer Personenhandelsgesellschaft die Ordnungswidrigkeit begangen, so kann auch gegen die juristische Person oder die Personengesamtheit als Nebenfolge der Ordnungswidrigkeit eine Geldbuße festgesetzt werden (§ 26 OWiG).
Für die Verfolgung der Tat gilt für die Ordnungswidrigkeit das Opportunitätsprinzip (§ 47 OWiG), d. h. sie liegt im pflichtgemäßen Ermessen der zuständigen Aufsichtsbehörde.

Ähnliche Strafbestimmungen enthalten für ihren Geltungsbereich die bereits bestehenden Datenschutzgesetze der Länder bzw. Spezialnormen in Landesgesetzen (hierzu demnächst Gola, Hümmerich, Kerstan, Datenschutzrecht III).

5.2 Sonstige datenschutzrelevante Strafnormen[93a]

5.2.1 Computerkriminalität

Unbefugte und mißbräuchliche Verwendung von automatischen Datenverarbeitungsanlagen oder gespeicherten Daten wird in der Literatur unter dem Schlagwort „Computerkriminalität" zusammengefaßt, wobei man sich bewußt ist, daß dieser zumindest sprachlich mangelhafte Begriff keinen strafrechtlichen Tatbestand, sondern unter kriminologischem Aspekt verwandte Erscheinungsformen von strafwürdigen Sachverhalten zusammenfaßt[94]. Bei der Diskussion um die „Computerkriminalität" ist sowohl der Umfang derartiger Handlungen umstritten[95], als auch die Frage, ob der Mißbrauch beim Einsatz der neuen Technologie ADV neue strafwürdige Tatbestände schafft, die von dem geltenden Strafrecht nicht erfaßt werden. Nach Auffassung der Bundesregierung – 1974 –[96] haben die Erfahrungen mit der sogenannten „Computerkriminalität" und der Anwendung des Strafrechts auf diese Fälle keine strafrechtlichen Lücken in Bezug auf die spezifischen Möglichkeiten der EDV-Technik erkennen lassen.
Als Tatbestände der Computerkriminalität können folgende vier Deliktkomplexe unterschieden werden

- die Manipulation (Verfälschung von Programmen, um aus den Fälschungen bestimmte Vorteile zu ziehen),
- Zeitdiebstahl (Unbefugte Benutzung der DV-Anlage oder der Software),
- Informationsdiebstahl/Spionage (Auskundschaften von Programmen und Daten),
- Sabotage (vorsätzliches Zerstören von Hard- oder Software, sowie Daten).

Mit der unbefugten Weitergabe, Veränderung oder Kenntnisnahme von Daten oder Programmen oder der unbefugten Benutzung oder Beschädigung von DV-Anlagen oder Programmen verfolgt der Täter in der Regel das Ziel, den Benutzer der DV-Anlage zu schädigen und sich selbst zu bereichern oder sich sonstige Vorteile zu verschaffen. Unter Beachtung dieses Unrechtsgehalts können u. a. folgende Straftatbestände erfüllt sein:

Sachbeschädigung (§ 303 StGB)

---

93 a Näheres hierzu bei Gola, Hümmerich, Kerstan, Datenschutzrecht II 7. Kap.

94 Von zur Mühlen, Computer-Kriminalität, Gefahren und Abwehrmaßnahmen, Neuwied, 1973; vgl. auch Protokoll des öffentlichen Hearings zum Thema „Computer-Kriminalität" der Interparlamentarischen Arbeitsgemeinschaft am 13. 4. 1974, KEDV-Drucksache 65.

95 Diesen bagatellisierte u. a. Betzl, Computerkriminalität Dichtung und Wahrheit, DSWR 72, S. 317 und 475f.

96 Die Antwort der Bundesregierung auf eine kleine Anfrage betr. „Computer-Kriminalität" am 9. 5. 74, BT-Drucksache 7/2067.

Verfälschung technischer Aufzeichnungen (§ 268 StGB)
Vernichtung technischer Aufzeichnungen (§ 274 StGB)
Betrug (§ 263 StGB)
Untreue (§ 266 StGB)
Diebstahl (§ 242 StGB)
Diebstahl/Verrat von Betriebs- und Geschäftsgeheimnissen (§§ 17/18 UWG)

5.2.2 Strafrechtlicher Schutz personenbezogener Daten außerhalb des BDSG

Relevant für den Schutz personenbezogener Daten sind insbesondere Vorschriften des Strafgesetzbuchs zum Schutz des privaten Lebens- und Geheimnisbereichs (§§ 201–205 StGB). In diesen Vorschriften werden Tatbestände der unbefugten Ermittlung von Daten (Abhören, Schutz des Briefgeheimnisses) und der unbefugten Weitergabe von Daten erfaßt. Auch außerhalb des StGB sind solche Straftatbestände bei unbefugter Weitergabe geregelt, so z. B. in § 120 BetrVG, § 58 SchwbHG, §§ 17–20 a UWG.
In weiterem Zusammenhang mit Fragen des Datenschutzes stehen strafrechtliche Normen, die gesetzliche Melde- und Auskunftspflichten gegenüber Behörden absichern. Die Zahl dieser Meldepflichten, die gleichzeitig Normen sind, die zur Weitergabe von personenbezogenen Daten im Sinne von § 3 BDSG berechtigen, ist eine Vielzahl. Sie haben jedoch keine unmittelbare datenschutzrechtliche Relevanz, da sie nicht die Privatsphäre schützen, sondern im Gegenteil gesetzliche Durchbrechungen der Privatsphäre sogar strafrechtlich absichern.

5.3 Ausblick

Die Kommission, die beim Bundesjustizministerium mit der Reform des Wirtschaftsstrafrechts befaßt war, hat sich im Rahmen ihrer Arbeit auch mit der „Computerkriminalität" auseinandergesetzt. Um eine wirksamere Bekämpfung der „Computerkriminalität" zu erreichen, schlug sie die Schaffung zweier neuer Paragraphen vor, die sich – so § 263 a StGB – mit „Vermögensschäden, die in Bereicherungsabsicht durch Manipulation eines automatischen Prozesses entstehen und – so der neue § 269 StGB – mit Urkundendelikten befassen sollen, wobei nach dem Kommissionsvorschlag jetzt auch gespeicherte Daten unter den erweiterten Urkundenbegriff fallen sollen[97].
Die Kommissionsvorschläge im Wortlaut:
§ 263 a: Wer in der Absicht, sich oder einem Dritten einen rechtswidrigen Vermögensvorteil zu verschaffen, das Vermögen eines anderen dadurch beschädigt, daß er durch falsche Eingaben in eine Datenverarbeitungsanlage oder durch Einwirkung auf deren Arbeitsablauf eine vermögenswirksame Disposition herbeiführt, wird mit Freiheitsstrafe bis zu fünf Jahren oder mit Geldstrafe bestraft, wenn die Tat nicht im § 263 mit Strafe bedroht ist.
§ 269: Wer zur Täuschung im Rechtsverkehr Daten oder Datenbestände, die über

97 S. auch Computerzeitung v. 9. 2. 1977.

die Dauer eines einzelnen Verarbeitungsprozesses hinaus elektronisch gespeichert und zum Beweis rechtlich erheblicher Tatsachen bestimmt sind, unbefugt verändert oder solche veränderten Daten oder Datenbestände gebraucht, wird mit Freiheitsstrafe bis zu fünf Jahren oder mit Geldstrafe bestraft.

6. Vorrangige Rechtsnormen

In § 45 (6. Abschnitt) sind beispielhaft Regelungen enthalten, die dem BDSG vorgehen. Es handelt sich hier um die begrenzte Ausfüllung des Subsidiaritätsgrundsatzes, welchem das BDSG unterliegt.
§ 45 enthält jedoch keine abschließende Aufzählung von weitergeltenden Vorschriften. Es sind im einzelnen erwähnt:

§ 12 Gesetz über die Statistik für Bundeszwecke
§ 30 Abgabenordnung
§ 9 Gesetz über das Kreditwesen
§§ 5 und 6 Postgesetz
§§ 10 und 11 Fernmeldeanlagengesetz.

Diese Regelungen betreffen Vorschriften über die Geheimhaltung von dienstlichen oder sonst in Ausübung des Berufes erworbenen Kenntnissen. Hierzu zählen auch die

§§ 52–55 Strafprozeßordnung
§§ 783, 384 Zivilprozeßordnung und
§§ 102 u. 105 Abgabenordnung.

Vorschriften über die Verpflichtung, die Beschränkung oder das Verbot Daten zu verarbeiten oder zu veröffentlichen sind:

§ 161 Strafprozeßordnung
§§ 20 u. 21 Arbeitsförderungsgesetz
§§ 19, 23, 27 Abs. 2, 31, 37 Abs. 1, 39–47, 49, 58 des Bundeszentralregistergesetz
§ 30 Straßenverkehrsgesetz
§ 13a Straßenverkehrs-Zulassungs-Ordnung
§ 12 u. II. Abschn. der Grundbuchordnung
§§ 38–40, 42–47 Handelsgesetzbuch
§§ 140–148 Abgabenordnung
§ 8 VOPR Nr. 30/53 über die Preise bei öffentlichen Aufträgen
§ 71 Bundeshaushaltsordnung.

Vorschriften über Einsichtsbeschränkung in Unterlagen durch Dritte, Einsicht in eigene Personalunterlagen, sowie Auskunftspflichten von Behörden an Betroffene sind:

§ 61 Abs. 2 u. 3 Personenstandsgesetz
§ 36 Verwaltungsverfahrensgesetz der Kriegsopferversorgung
§ 90 Bundesbeamtengesetz

§ 83 Betriebsverfassungsgesetz
§ 1325 Reichsversicherungsordnung
§ 104 Angestelltenversicherungsgesetz
§ 108 Reichsknappschaftsgesetz.

Die hier aufgezählten weitergeltenden Vorschriften und weitere vom Gesetzgeber nicht aufgezählte bereichsspezifische Regelungen werden in Teil II der Sammlung Datenschutzrecht detaillierter behandelt. Hier sollte nur der Rahmen abgesteckt werden.

7. Übergangs- und Schlußvorschriften

Bundestag und Bundesrat verabschiedeten das „Gesetz zum Schutz vor Mißbrauch personenbezogener Daten bei der Datenverarbeitung" (Bundesdatenschutzgesetz – BDSG, BGBl. I 7/1977 S. 201–214) am 10. 11. bzw. am 12. 11. 1976. Am 27. 1. 1977 wurde es im Bundesgesetzblatt verkündet. Das BDSG tritt am 1. 1. 1978 in Kraft. Allerdings sind gemäß § 47 Ziff. 1–3 Ausnahmen vorgesehen:

- Bereits am Tage nach der Verkündung im Bundesgesetzblatt können Verordnungen zur Durchführung des Datenschutzes in der Verwaltung (§ 12 Abs. 3, § 13 Abs. 4, §§ 16 u. 19 Abs. 4 Satz 7, z. B. Festsetzung von Gebührensätzen bei Auskunfsterteilung, Anwendung allgemeiner Verwaltungsvorschriften (§ 16)) erlassen werden.
- Bereits ab 1. 7. 1977 ist der Bundesdatenschutzbeauftragte zu bestellen und der nicht-öffentliche Bereich muß einen innerbetrieblichen Datenschutzbeauftragten ernennen (§ 47 Ziff. 2).
- Bis zum 1. 1. 1979 bleibt den EDV-Anwendern Zeit, Maßnahmen nach § 6 und der Anlage zu § 6 Abs. 1 Satz 1 (technische und organisatorische Maßnahmen) zu treffen.

Nach § 43 Abs. 1 müssen personenbezogene Daten, die schon bei Inkrafttreten des Gesetzes gespeichert waren, binnen eines Jahres nach Inkrafttreten veröffentlicht werden. Dasselbe gilt für die Übermittlung bereits gespeicherter Daten. Nach § 44 findet für die Ausführung dieses Gesetzes das Verwaltungsverfahrensgesetz auch insoweit Anwendung, als die Ausführung den Ländern obliegt. § 46 enthält die jedem Gesetz eingefügte Generalklausel, die das Land Berlin betrifft (Berlin-Klausel).

8. Zusammenfassung und Ausblick

Die Notwendigkeit des Erlasses eines Bundesdatenschutzgesetzes stand auch bei den kritischen Wissenschaftlern und Praktikern nie außer Frage. Der Hinweis von Politikern nach Verabschiedung des BDSG durch Bundestag und Bundesrat, daß schon bald eine Novellierung des Gesetzes notwendig sein werde, stimmt skep-

tisch. Anderseits ist bislang in der BRD kaum ein Gesetz so intensiv beraten worden wie das BDSG, so daß zunächst einmal erste Erfahrungen mit dem Gesetz abgewartet werden sollten. Es ist zu hoffen, daß sich die datenverarbeitenden Stellen sowohl im öffentlichen als auch im nicht-öffentlichen Bereich ihrer Verantwortung bewußt sind. Ebenso sollte der mündige Bürger in seiner Position als Betroffener die Entwicklung der Verarbeitung seiner Daten mit Hilfe der EDV verfolgen und sich auch nicht scheuen, von seinen im BDSG enthaltenen Ansprüchen Gebrauch zu machen. Allerdings sollen damit nicht notorische Querulanten ermuntert werden. Es bleibt zu hoffen, daß es sowohl den Betroffenen wie den datenverarbeitenden Stellen durch gute und vernünftige Zusammenarbeit gelingt, das Gesetz seiner Zielperspektive entgegenzuführen.
Im übrigen ist jedoch unübersehbar, daß die moderne Industriegesellschaft sich mehr und mehr einer Informations-Gesellschaft nähert[98]. Die Flut der produzierten Informationen und des zu verarbeitenden Wissens nimmt ständig zu. Die dadurch zwangsläufig notwendig gewordene Automatisierung von Informationsflüssen verändert unsere Informationsumwelt, wobei die diesbezüglichen Folgen wahrscheinlich noch gar nicht abzusehen sind. Angesichts insoweit möglicher Entwicklungen ist das Problem des Datenschutzes eben auch nur als ein Aspekt einer noch zu lösenden Kontrolle des Informationsverhaltens in unserer Gesellschaft zu sehen[99].
Die Fragestellung geht dahin, ob diese neue Dimension der Informationsmöglichkeiten neue einseitige Machtstrukturen schafft, bzw. alte Strukturen verfestigt[100], oder anders ausgedrückt, daß der Bürger nicht als Objekt, sondern als Subjekt des Informationsverhaltens verstanden wird. Im Rahmen dieser Problematik stellt das Bundesdatenschutzgesetz nur einen ersten Schritt zur Wahrung der Rechte des Bürgers dar, wobei es nun u. a. Aufgabe sein wird, dieses Gesetz durch bereichsspezifische Datenschutzregelungen, die sich in ihrem Schutzgehalt prinzipiell am BDSG ausrichten, zu ergänzen. Wenn das Bundesdatenschutzgesetz selbst auch manche Fragen offen läßt, so sollte jetzt eine erste Phase der Realisierung des Gesetzes in der Praxis abgewartet werden, bevor man an erste Novellierungen denkt, zumal die Bundesrepublik Deutschland mit ihrer Datenschutzgesetzgebung neben Schweden, USA und in Kürze wohl Österreich Vorreiter auf diesem Gebiet für die übrigen westlichen Nationen ist.

---

98 Vgl. Gassmann, Probleme bei internationalen Datenflüssen und Gemeinsamkeiten des Datenschutzes in Europa, in Dierstein, Fiedler, Schulz a.a.O., S. 11f.
99 Vgl. z. B. Hoffmann, a.a.O., München/Zürich 1976, S. 45ff.
100 Hierzu Mechelhoff, Computer – Die anonyme Macht, Metall 76/Nr. 2–6.

III. Literaturhinweise

Angermann/Thome: Untersuchung über die Kostenwirkung eines Bundesdatenschutzgesetzes, Heidelberg 1976; *ders.* Ansätze für eine Kostennutzenanalyse des Datenschutzes, Data Report (1973), Heft 4, S. 18ff;

Auernhammer: Der Regierungsentwurf eines Bundesdatenschutzgesetzes, ÖVD 74, S. 55; *ders.* Das Bundesdatenschutzgesetz, BB 1977, S. 205 ff; *ders.* Zum Stand der Datenschutzgesetzgebung, DV-Aktuell 1976, S. 69ff; Hat

Ausschuß für wirtschaftliche Verwaltung in Wirtschaft und Öffentlicher Hand e. V. (AWV), (Hrsg.), Beiträge zum BDSG, Teil 1, 1977.

Bühnemann: Datenschutz im nicht-öffentlichen Bereich, DVR 74, Beiheft 4; *ders.* Datenschutz im nicht-öffentlichen Bereich, BB-Beilage 1/74;

Bull: Entscheidungsfragen in Sachen Datenschutz, ZRP 1975, Heft 1, S. 7 ff;

Czapski: Die Geheimhaltung bundesstatistischer Einzelangaben im Rahmen der neueren Datenschutzgesetzgebung, ÖVD 1975, Heft 4, S. 163ff;

Damman: Anwendungsmatrix des Bundesdatenschutzgesetzes, Online-adl-nachrichten 1977, S. 74 ff; *ders.* Datenschutz und Zugang zu Planungsinformationssysteme, Beiträge zum Datenschutz, Wiesbaden 1974; *ders.* Strukturwandel der Information und Datenschutz, DVR 1974, Heft 3/4, S. 267ff;

Damman/Karhausen/Müller/Steinmüller: Datenbanken und Datenschutz, Frankfurt 1974;

Dierstein/Fiedler/Schulz: Datenschutz und Datensicherung, Köln 1976;

Deutscher Bundesrat: Gesetzbeschluß des Deutschen Bundestages: Gesetz zum Schutz vor Mißbrauch personenbezogener Daten bei der Datenverarbeitung (Bundesdatenschutzgesetz – BDSG) – Drucksache 422/76, 11. 6. 1976;

Deutscher Bundestag: Bundesmeldegesetz (Entwurf der Bundesregierung), Drucksache VI/2654, 4. 10. 1971

Deutscher Bundestag: Antwort der Bundesregierung auf die kleine Anfrage betr. Schutz der Privatsphäre vom 7. 9. 1972, Drucksache VI/3826;

Deutscher Bundestag: Gesetzentwurf der Bundesregierung – Entwurf eines Gesetzes zum Schutz vor Mißbrauch personenbezogener Daten bei der Datenverarbeitung (Bundesdatenschutzgesetz – BDSG). Drucksache 7/1027, 21. 9. 1973;

Datenschutz/Meldegesetz: Sachverständigenanhörung und Gesetztestexte. Aus der Anhörung des Deutschen Bundestages vom 6. Mai 1974. Hrsg. vom Deutschen Bundestag; *ders.:* Bericht und Antrag des Innenausschusses (4. Ausschuß) zu dem von der Bundesregierung eingebrachten Entwurf eines Gesetzes zum Schutze vor Mißbrauch personenbezogener Daten bei der Datenverarbeitung (Bundesdatenschutzgesetz – BDSG – Drucksache 7/5277, 2. 6. 1976;

ders.: Innenausschuß (724–2453) Arbeitsunterlage zum Entwurf eines Bundesdatenschutzgesetzes (Drucksache 7/1027), Ausschußdrucksache 7/199 (neu), 29. 1. 1976;

ders.: Innenausschuß (724–2453), Stellungnahme zu den Fragen für die öffentliche Anhörung zum Entwurf eines Bundesdatenschutzgesetzes, Ausschußdrucksache 7/137, Drucksache 7/127, 26. 3. 1976;

ders.: Innenausschuß (724–2450), Protokoll der 104. Sitzung des Innenausschusses und der 83. Sitzung des Ausschusses für Wirtschaft, durchgeführt am 31. 3. 1976 als öffentliche Anhörung zu Fragen der Datenschutz-Gesetzgebung. Bonn 1976;

Deutscher Bundestag: Innenausschuß (724–2453): Unkorrigiertes stenographisches Protokoll der öffentlichen Anhörung des Innenausschusses zum Entwurf eines Bundesdatenschutzgesetzes am 31. 3. 1976. Ausschußdrucksache 7/139, 6. 4. 1976;

ders.: Innenausschuß (724–2453): Beratungsunterlage zum Entwurf eines Bundesdatenschutzgesetzes für die Sitzung am 19. 5. 1976. Ausschußdrucksache 7/174, 13. 5. 1976;

ders.: Vermittlungsausschuß: Antrag des Ausschusses nach Artikel 77 des Grundgesetzes (Vermittlungsausschuß) zu dem Gesetz zum Schutz vor Mißbrauch personenbezogener

Daten bei der Datenverarbeitung (BDSG) – Drucksache 7/1027, 7/5277, 7/5497. Drucksache 7/5568, 2. 7. 1976;
Ehrlich: Unbeantwortete Fragen, Der Arbeitgeber 1976;
Evers: Privatsphäre und Ämter für Verfassungsschutz, Berlin 1960;
Gliss: Datenschutz – organisatorische Erfordernisse, Der Arbeitgeber 1974, S. 504 ff;
Gola: Der neue strafrechtliche Schutz privater Daten, DSWR 75, S. 66 ff; *ders.:* Das Bundesdatenschutzgesetz, MDR 1977, S. 448 ff; *ders.:* die Beauftragten sind unter uns, MDR 5/76; *ders.:* Der Datenschutzbeauftragte, Der Betrieb 75, Heft 34; *ders.:* Datenschutzbeauftragte, Anforderungsprofil für den jüngsten EDV-Beruf, Computer-Woche 1976, 22; *ders.:* Gesetzlich verordnet: Der betriebliche Datenschutzbeauftragte, Online 12/76;
Grochla: Datenschutz und Datensicherung aus organisatorischer Sicht in: Arbeitsgem. für Rationalisierung, NRW, Heft 162, Der Datenschutzbeauftragte – gesetzliche Anforderungen und Erfahrungen in der Praxis, Dortmund 1974;
Gola/Hümmerich: Die Personalakte des Arbeitnehmers, BB 74, S. 1163;
Hentschel: Datenschutz – Neue Perspektiven, Der Arbeitgeber 1974, S. 429 ff; *ders.:* Datenschutzbeauftragter in Unternehmen – Überlegungen und Erfordernisse, Der Arbeitgeber 1976, S. 970 ff;
Hentschel/Gliss/Bayer/Dierstein: Datenschutzfibel, Köln 1975;
Hergenhahn: Die Aufgaben des betrieblichen Datenschutzbeauftragten, IBM-Nachrichten 75, Heft 227, S. 240 ff.
Hümmerich: Das Bundesdatenschutzgesetz, Jus 1977, S. 271 ff.;
Hümmerich/Gola: Personaldatenrecht im Arbeitsverhältnis, Heidelberg 1975; *dies.:* Die Auswirkungen des BDSG auf das Personalwesen, BB 77, S. 148 ff.;
Hoffmann: Computer, Macht und Menschenwürde, München 1976;
Hoffmann/Tietze/Podlech: Der numerierte Bürger, Wuppertal 1975;
Horn: Datensicherung, ÖVD 1971, Heft 3, S. 99 ff;
Hund: Das Bundesdatenschutzgesetz und seine Auswirkungen, DSWR 1977, S. 44 ff.; *ders.:* Änderungen des BDSG, DSWR 76, S. 146 ff;
Janzen: Kompromißverdorbener Datenschutz, Metall 15/76;
Karad: Datenschutz in der unternehmerischen Wirtschaft, Köln 1976;
Kiessig: Sicherheit in der DV, Computer-Praxis 1974, Heft 4, S. 108 ff;
Kilian: Integrierte Personalinformationssysteme und Mitbestimmung, DSWR 1975, S. 322 ff;
Kilian/Lenk/Steinmüller: Datenschutz, Frankfurt 1973;
Krauch: Erfassungsschutz, Stuttgart 1975;
Lindemann: Der Datenschutzbeauftragte, DV-Aktuell 76, S. 80/81;
Lindemann/Nagel/Hermann: Organisation des Datenschutzes, Neuwied 1973;
Kraus: Organisatorische und technische Maßnahmen zur Realisierung des Datenschutzes, DSWR 1973, S. 329 ff;
Mechelhoff: Computer – die anonyme Macht, Metall 76, Nr. 2–6;
Meister: Datenschutz und Privatrechtsordnung, BB 1976, S. 1584 ff;
von zur Mühlen: Datenschutz, Datensicherung, Sicherheitsberater 1976, Heft 24; *ders.:* Computer-Kriminalität, Gefahren und Abwehrmaßnahmen, Neuwied 1973;
Müller: Datenschutz und Datensicherung, DSWR 1974, S. 1 ff;
Nagel: Wirtschaftlichkeitsanalyse bei Datensicherungssystemen, IBM-Nachrichten, Heft 232, S. 295 ff; *ders.:* Datensicherung, Neuwied 1974; *ders.:* Praktische Hinweise zur Planung und Einführung eines Sicherungssystems, DSWR 1973, S. 574 ff;
Packard: Die wehrlose Gesellschaft, Düsseldorf 1964;
Podlech: Datenschutz im Bereich der öffentlichen Verwaltung, DVR 1973, Beiheft 1;
Rihaczek: Datenschutz – was nun, Computer-Woche vom 19. 11. 76;
Ruckriegel: Das Bundesdatenschutzgesetz – erste Konsequenzen ÖVD 12/76 S. 350 ff.
Röper: Über die Notwendigkeit von Landesdatenschutzgesetzen, DVBl. 74, S. 836 ff;

Sasse: Sinn und Unsinn des Datenschutzes Karlsruhe/Heidelberg, 1976;
Schweitzer: Datensicherung bei einer Großbank, Data-Report 1973, Heft 5, S. 16ff;
Schweizer: Kernprobleme des Bundesdatenschutzgesetzes (Teil I) Betr. 1977, Heft 6 S. 289 ff.;
Seidel: Datenbanken und Persönlichkeitsrecht, Köln 1974;
Seidel/Bechmann: Datenschutz aus der Sicht der Anwender, DVR 4/75, S. 341 ff;
Siemens AG: Datenschutz, Mittel und Maßnahmen für die Datenverarbeitung (DAMM-Studie), München 1974;
Simitis: Bundesdatenschutzgesetz – Ende der Diskussion oder Neubeginn? NJW 77, S. 729ff.;
Steinmüller: Staatswohl vor Bürgerrecht, Bild der Wissenschaft 7/76, S. 76 ff;
ders.: Informationsrecht und Informationspolitik, München 1976;
Tiedemann/Sasse: Deliquenzprophylaxe, Kreditsicherung und Datenschutz in der Wirtschaft, Bonn/München 1973;
Wundram: Leitfaden zum Bundesdatenschutzgesetz für die Wirtschaft, Betr. 1977, Beilage Nr. 3.

In Vorbereitung befindliche Kommentare

Auernhammer: Kommentar zum BDSG Carl Heymanns, Verlag Köln/Berlin/Bonn/München 1977
Bergmann/Möhrle: Datenschutzrecht, Handkommentar zum Bundesdatenschutzgesetz, Boorwerkverlag, Stuttgart 1977;
Gallwas/Schweinoch/Schwappach/Schneider/Steinbrink: Bundesdatenschutzgesetz, Lose-Blattausgabe, Kohlhammer Verlag, Stuttgart 1977;
Ordemann/Schomerus: Bundesdatenschutzgesetz, Verlag C. H. Beck, München 1977;
Schaffland/Wiltfang: Bundesdatenschutzgesetz, Ergänzbare Lose-Blattkommentare nebst einschlägigen Rechtsvorschriften, Erich Schmitt Verlag, Berlin, München 1977;
Simitis/Damman/Mallmann/Reh: Kommentar zum Bundesdatenschutzgesetz, Nomos Verlagsgesellsch. Baden-Baden 1977.

2. Kapitel: Verfassungsrechtlicher Datenschutz

I. Rechtsnormen und Leitsätze

1. Grundgesetz der Bundesrepublik Deutschland vom 23.5.1949 (BGBl. S. 1, BGBl. III 100–1) zuletzt geändert am 15.7.75 (BGBl. I-1901).

   Auszug: Art. 1–20, 140 GG,
   Art.136, 137, 138, 139, 141 Weimarer Verfassung

Der Parlamentarische Rat hat am 23. Mai 1949 in Bonn am Rhein in öffentlicher Sitzung festgestellt, daß das am 8. Mai des Jahres 1949 vom Parlamentarischen Rat beschlossene Grundgesetz für die Bundesrepublik Deutschland in der Woche vom 16.–22. Mai 1949 durch die Volksvertretungen von mehr als Zweidritteln der beteiligten deutschen Länder angenommen worden ist.
Auf Grund dieser Feststellung hat der Parlamentarische Rat, vertreten durch seine Präsidenten, das Grundgesetz ausgefertigt und verkündet.
Das Grundgesetz wird hiermit gemäß Artikel 145 Absatz 3 im Bundesgesetzblatt veröffentlicht:

Präambel

Im Bewußtsein seiner Verantwortung vor Gott und den Menschen, von dem Willen beseelt, seine nationale und staatliche Einheit zu wahren und als gleichberechtigtes Glied in einem vereinten Europa dem Frieden der Welt zu dienen, hat das Deutsche Volk in den Ländern Baden, Bayern, Bremen, Hamburg, Hessen, Niedersachsen, Nordrhein-Westfalen, Rheinland-Pfalz, Schleswig-Holstein, Württemberg-Baden und Württemberg-Hohenzollern, um dem staatlichen Leben für eine Übergangszeit eine neue Ordnung zu geben, kraft seiner verfassungsgebenden Gewalt dieses Grundgesetz der Bundesrepublik Deutschland beschlossen. Es hat auch für jene Deutschen gehandelt, denen mitzuwirken versagt war. Das gesamte Deutsche Volk bleibt aufgefordert, in freier Selbstbestimmung die Einheit und Freiheit Deutschlands zu vollenden.

I. Die Grundrechte

Art. 1 [*Schutz der Menschenwürde*].
(1) Die Würde des Menschen ist unantastbar. Sie zu achten und zu schützen ist Verpflichtung aller staatlichen Gewalt.
(2) Das Deutsche Volk bekennt sich darum zu unverletzlichen und unveräußerlichen Menschenrechten als Grundlage jeder menschlichen Gemeinschaft, des Friedens und der Gerechtigkeit in der Welt.

(3) Die nachfolgenden Grundrechte binden Gesetzgebung, vollziehende Gewalt und Rechtsprechung als unmittelbar geltendes Recht.

Art. 2 [*Allgemeines Persönlichkeitsrecht*].
(1) Jeder hat das Recht auf die freie Entfaltung seiner Persönlichkeit, soweit er nicht die Rechte anderer verletzt und nicht gegen die verfassungsmäßige Ordnung oder das Sittengesetz verstößt.
(2) Jeder hat das Recht auf Leben und körperliche Unversehrtheit. Die Freiheit der Person ist unverletzlich. In diese Rechte darf nur auf Grund eines Gesetzes eingegriffen werden.

Art. 3 [*Gleichheit vor dem Gesetz*].
(1) Alle Menschen sind vor dem Gesetz gleich.
(2) Männer und Frauen sind gleichberechtigt.
(3) Niemand darf wegen seines Geschlechtes, seiner Abstammung, seiner Rasse, seiner Sprache, seiner Heimat und Herkunft, seines Glaubens, seiner religiösen oder politischen Anschauungen benachteiligt oder bevorzugt werden.

Art. 4 [*Glaubens-, Gewissens- und Bekenntnisfreiheit, Kriegsdienstverweigerung*].
(1) Die Freiheit des Glaubens, des Gewissens und die Freiheit des religiösen und weltanschaulichen Bekenntnisses sind unverletzlich.
(2) Die ungestörte Religionsausübung wird gewährleistet.
(3) Niemand darf gegen sein Gewissen zum Kriegsdienst mit der Waffe gezwungen werden. Das Nähere regelt ein Bundesgesetz.

Art. 5 [*Recht der freien Meinungsäußerung*].
(1) Jeder hat das Recht, seine Meinung in Wort, Schrift und Bild frei zu äußern und zu verbreiten und sich aus allgemein zugänglichen Quellen ungehindert zu unterrichten. Die Pressefreiheit und die Freiheit der Berichterstattung durch Rundfunk und Film werden gewährleistet. Eine Zensur findet nicht statt.
2) Diese Rechte finden ihre Schranken in den Vorschriften der allgemeinen Gesetze, den gesetzlichen Bestimmungen zum Schutze der Jugend und in dem Recht der persönlichen Ehre.
(3) Kunst und Wissenschaft, Forschung und Lehre sind frei. Die Freiheit der Lehre entbindet nicht von der Treue zur Verfassung.

Art. 6 [*Ehe, Familie, nichteheliche Kinder*].
(1) Ehe und Familie stehen unter dem besonderen Schutze der staatlichen Ordnung.
(2) Pflege und Erziehung der Kinder sind das natürliche Recht der Eltern und die zuvörderst ihnen obliegende Pflicht. Über ihre Betätigung wacht die staatliche Gemeinschaft.
(3) Gegen den Willen der Erziehungsberechtigten dürfen Kinder nur auf Grund eines Gesetzes von der Familie getrennt werden, wenn die Erziehungsberechtigten versagen oder wenn die Kinder aus anderen Gründen zu verwahrlosen drohen.
(4) Jede Mutter hat Anspruch auf den Schutz und die Fürsorge der Gemeinschaft.
(5) Den unehelichen Kindern sind durch die Gesetzgebung die gleichen Bedin-

gungen für ihre leibliche und seelische Entwicklung und ihre Stellung in der Gesellschaft zu schaffen wie den ehelichen Kindern.

Art. 7 [*Schulwesen*].
(1) Das gesamte Schulwesen steht unter der Aufsicht des Staates.
(2) Die Erziehungsberechtigten haben das Recht, über die Teilnahme des Kindes am Religionsunterricht zu bestimmen.
(3) Der Religionsunterricht ist in den öffentlichen Schulen mit Ausnahme der bekenntnisfreien Schulen ordentliches Lehrfach. Unbeschadet des staatlichen Aufsichtsrechtes wird der Religionsunterricht in Übereinstimmung mit den Grundsätzen der Religionsgemeinschaften erteilt. Kein Lehrer darf gegen seinen Willen verpflichtet werden, Religionsunterricht zu erteilen.
(4) Das Recht zur Einrichtung von privaten Schulen wird gewährleistet. Private Schulen als Ersatz für öffentliche Schulen bedürfen der Genehmigung des Staates und unterstehen den Landesgesetzen. Die Genehmigung ist zu erteilen, wenn die privaten Schulen in ihren Lehrzielen und Einrichtungen sowie in der wissenschaftlichen Ausbildung ihrer Lehrkräfte nicht hinter den öffentlichen Schulen zurückstehen und eine Sonderung der Schüler nach den Besitzverhältnissen der Eltern nicht gefördert wird. Die Genehmigung ist zu versagen, wenn die wirtschaftliche und rechtliche Stellung der Lehrkräfte nicht genügend gesichert ist.
(5) Eine private Volksschule ist nur zuzulassen, wenn die Unterrichtsverwaltung ein besonderes pädagogisches Interesse anerkennt oder, auf Antrag von Erziehungsberechtigten, wenn sie als Gemeinschaftsschule, als Bekenntnis- oder Weltanschauungsschule errichtet werden soll und eine öffentliche Volksschule dieser Art in der Gemeinde nicht besteht.
(6) Vorschulen bleiben aufgehoben.

Art. 8 [*Versammlungsfreiheit*]
(1) Alle Deutschen haben das Recht, sich ohne Anmeldung oder Erlaubnis friedlich und ohne Waffen zu versammeln.
(2) Für Versammlungen unter freiem Himmel kann dieses Recht durch Gesetz oder auf Grund eines Gesetzes beschränkt werden.

Art. 9 [*Vereinigungsfreiheit*].
(1) Alle Deutschen haben das Recht, Vereine und Gesellschaften zu bilden.
(2) Vereinigungen, deren Zwecke oder deren Tätigkeit den Strafgesetzen zuwiderlaufen oder die sich gegen die verfassungsmäßige Ordnung oder gegen den Gedanken der Völkerverständigung richten, sind verboten.
(3) Das Recht, zur Wahrung und Förderung der Arbeits- und Wirtschaftsbedingungen Vereinigungen zu bilden, ist für jedermann und für alle Berufe gewährleistet. Abreden, die dieses Recht einschränken oder zu behindern suchen, sind nichtig, hierauf gerichtete Maßnahmen sind rechtswidrig. Maßnahmen nach den Artikeln 12a, 35 Abs. 2 und 3, Artikel 87a Abs. 4 und Artikel 91 dürfen sich nicht gegen Arbeitskämpfe richten, die zur Wahrung und Förderung der Arbeits- und Wirtschaftsbedingungen von Vereinigungen im Sinne des Satzes 1 geführt werden.

Art. 10 [*Brief-, Post- und Fernmeldegeheimnis*].
(1) Das Briefgeheimnis sowie das Post- und Fernmeldegeheimnis sind unverletzlich.
(2) Beschränkungen dürfen nur auf Grund eines Gesetzes angeordnet werden. Dient die Beschränkung dem Schutze der freiheitlichen demokratischen Grundordnung oder des Bestandes oder der Sicherung des Bundes oder eines Landes, so kann das Gesetz bestimmen, daß sie dem Betroffenen nicht mitgeteilt wird und daß an die Stelle des Rechtsweges die Nachprüfung durch von der Volksvertretung bestellte Organe und Hilfsorgane tritt.

Art. 11 [*Freizügigkeit*].
(1) Alle Deutschen genießen Freizügigkeit im ganzen Bundesgebiet.
(2) Dieses Recht darf nur durch Gesetz oder auf Grund eines Gesetzes und nur für die Fälle eingeschränkt werden, in denen eine ausreichende Lebensgrundlage nicht vorhanden ist und der Allgemeinheit daraus besondere Lasten entstehen würden oder in denen es zur Abwehr einer drohenden Gefahr für den Bestand oder die freiheitliche demokratische Grundordnung des Bundes oder eines Landes, zur Bekämpfung von Seuchengefahr, Naturkatastrophen oder besonders schweren Unglücksfällen, zum Schutze der Jugend vor Verwahrlosung oder um strafbaren Handlungen vorzubeugen, erforderlich ist.

Art. 12 [*Berufsfreiheit*].
(1) Alle Deutschen haben das Recht, Beruf, Arbeitsplatz und Ausbildungsstätte frei zu wählen. Die Berufsausübung kann durch Gesetz oder auf Grund eines Gesetzes geregelt werden.
(2) Niemand darf zu einer bestimmten Arbeit gezwungen werden, außer im Rahmen einer herkömmlichen allgemeinen, für alle gleichen öffentlichen Dienstleistungspflicht.
(3) Zwangsarbeit ist nur bei einer gerichtlich angeordneten Freiheitsentziehung zulässig.

Art. 12a [*Dienstverpflichtungen*].
(1) Männer können vom vollendeten achtzehnten Lebensjahr an zum Dienst in den Streitkräften, im Bundesgrenzschutz oder in einem Zivilschutzverband verpflichtet werden.
(2) Wer aus Gewissensgründen den Kriegsdienst mit der Waffe verweigert, kann zu einem Ersatzdienst verpflichtet werden. Die Dauer des Ersatzdienstes darf die Dauer des Wehrdienstes nicht übersteigen. Das Nähere regelt ein Gesetz, das die Freiheit der Gewissensentscheidung nicht beeinträchtigen darf und auch eine Möglichkeit des Ersatzdienstes vorsehen muß, die in keinem Zusammenhang mit den Verbänden der Streitkräfte und des Bundesgrenzschutzes steht.
(3) Wehrpflichtige, die nicht zu einem Dienst nach Absatz 1 oder 2 herangezogen sind, können im Verteidigungsfalle durch Gesetz oder auf Grund eines Gesetzes zu zivilen Dienstleistungen für Zwecke der Verteidigung einschließlich des Schutzes der Zivilbevölkerung in Arbeitsverhältnisse verpflichtet werden; Verpflichtungen in öffentlich-rechtliche Dienstverhältnisse sind nur zur Wahrnehmung

polizeilicher Aufgaben oder solcher hoheitlichen Aufgaben der öffentlichen Verwaltung, die nur in einem öffentlich-rechtlichen Dienstverhältnis erfüllt werden können, zulässig. Arbeitsverhältnisse nach Satz I können bei den Streitkräften, im Bereich ihrer Versorgung sowie bei der öffentlichen Verwaltung begründet werden; Verpflichtungen in Arbeitsverhältnisse im Bereiche der Versorgung der Zivilbevölkerung sind nur zulässig, um ihren lebensnotwendigen Bedarf zu decken oder ihren Schutz sicherzustellen.

(4) Kann im Verteidigungsfalle der Bedarf an zivilen Dienstleistungen im zivilen Sanitäts- und Heilwesen sowie in der ortsfesten militärischen Lazarettorganisation nicht auf freiwilliger Grundlage gedeckt werden, so können Frauen vom vollendeten achtzehnten bis zum vollendeten fünfundfünfzigsten Lebensjahr durch Gesetz oder auf Grund eines Gesetzes zu derartigen Dienstleistungen herangezogen werden. Sie dürfen auf keinen Fall Dienst mit der Waffe leisten.

(5) Für die Zeit vor dem Verteidigungsfalle können Verpflichtungen nach Absatz 3 nur nach Maßgabe des Artikels 80a Abs. 1 begründet werden. Zur Vorbereitung auf Dienstleistungen nach Absatz 3, für die besondere Kenntnisse oder Fertigkeiten erforderlich sind, kann durch Gesetz oder auf Grund eines Gesetzes die Teilnahme an Ausbildungsveranstaltungen zur Pflicht gemacht werden. Satz 1 findet insoweit keine Anwendung.

(6) Kann im Verteidigungsfalle der Bedarf an Arbeitskräften für die in Absatz 3 Satz 2 genannten Bereiche auf freiwilliger Grundlage nicht gedeckt werden, so kann zur Sicherung dieses Bedarfs die Freiheit der Deutschen, die Ausübung eines Berufs oder den Arbeitsplatz aufzugeben, durch Gesetz oder auf Grund eines Gesetzes eingeschränkt werden. Vor Eintritt des Verteidigungsfalles gilt Absatz 5 Satz 1 entsprechend.

Art. 13 [*Unverletzlichkeit der Wohnung*].

(1) Die Wohnung ist unverletzlich.

(2) Durchsuchungen dürfen nur durch den Richter, bei Gefahr im Verzuge auch durch die in den Gesetzen vorgesehenen anderen Organe angeordnet und nur in der dort vorgeschriebenen Form durchgeführt werden.

(3) Eingriffe und Beschränkungen dürfen im übrigen nur zur Abwehr einer gemeinen Gefahr oder einer Lebensgefahr für einzelne Personen, auf Grund eines Gesetzes auch zur Verhütung dringender Gefahren für die öffentliche Sicherheit und Ordnung, insbesondere zur Behebung der Raumnot, zur Bekämpfung von Seuchengefahr oder zum Schutze gefährdeter Jugendlicher vorgenommen werden.

Art. 14 [*Eigentum, Erbrecht und Enteignung*]

(1) Das Eigentum und das Erbrecht werden gewährleistet, Inhalt und Schranken werden durch die Gesetze bestimmt.

(2) Eigentum verpflichtet. Sein Gebrauch soll zugleich dem Wohle der Allgemeinheit dienen.

(3) Eine Enteignung ist nur zum Wohle der Allgemeinheit zulässig. Sie darf nur durch Gesetz oder auf Grund eines Gesetzes erfolgen, das Art und Ausmaß der

Entschädigung regelt. Die Entschädigung ist unter gerechter Abwägung der Interessen der Allgemeinheit und der Beteiligten zu bestimmen. Wegen der Höhe der Entschädigung steht im Streitfalle der Rechtsweg vor den ordentlichen Gerichten offen.

Art. 15 [*Sozialisierung*].
Grund und Boden, Naturschätze und Produktionsmittel können zum Zwecke der Vergesellschaftung durch ein Gesetz, das Art und Ausmaß der Entschädigung regelt, in Gemeineigentum oder in andere Formen der Gemeinwirtschaft überführt werden. Für die Entschädigung gilt Artikel 14 Abs. 3 Satz 3 und 4 entsprechend.

Art. 16 [*Ausbürgerung, Auslieferung, Asylrecht*].
(1) Die deutsche Staatsangehörigkeit darf nicht entzogen werden. Der Verlust der Staatsangehörigkeit darf nur auf Grund eines Gesetzes und gegen den Willen des Betroffenen nur dann eintreten, wenn der Betroffene dadurch nicht staatenlos wird.
(2) Kein Deutscher darf an das Ausland ausgeliefert werden. Politisch Verfolgte genießen Asylrecht.

Art. 17 [*Petitionsrecht*].
Jedermann hat das Recht, sich einzeln oder in Gemeinschaft mit anderen schriftlich mit Bitten oder Beschwerden an die zuständigen Stellen und an die Volksvertretung zu wenden.

Art. 17a [*Einschränkung von Grundrechten bei Soldaten*].
(1) Gesetze über Wehrdienst und Ersatzdienst können bestimmen, daß für die Angehörigen der Streitkräfte und des Ersatzdienstes während der Zeit des Wehr- oder Ersatzdienstes das Grundrecht, seine Meinung in Wort, Schrift und Bild frei zu äußern und zu verbreiten (Artikel 5 Abs. 1 Satz 1 erster Halbsatz), das Grundrecht der Versammlungsfreiheit (Artikel 8) und das Petitionsrecht (Artikel 17), soweit es das Recht gewährt, Bitten oder Beschwerden in Gemeinschaft mit anderen vorzubringen, eingeschränkt werden.
(2) Gesetze, die der Verteidigung einschließlich des Schutzes der Zivilbevölkerung dienen, können bestimmen, daß die Grundrechte der Freizügigkeit (Artikel 11) und der Unverletzlichkeit der Wohnung (Artikel 13) eingeschränkt werden.

Art. 18 [*Verwirkung von Grundrechten*].
Wer die Freiheit der Meinungsäußerung, insbesondere die Pressefreiheit (Artikel 5 Abs. 1), die Lehrfreiheit (Artikel 5 Abs. 3), die Versammlungsfreiheit (Artikel 8), die Vereinigungsfreiheit (Artikel 9), das Brief-, Post- und Fernmeldegeheimnis (Artikel 10), das Eigentum (Artikel 14) oder das Asylrecht (Artikel 16 Abs. 2) zum Kampfe gegen die freiheitliche demokratische Grundordnung mißbraucht, verwirkt diese Grundrechte. Die Verwirkung und ihr Ausmaß werden durch das Bundesverfassungsgericht ausgesprochen.

Art. 19 [*Einschränkung von Grundrechten*].
(1) Soweit nach diesem Grundgesetz ein Grundrecht durch Gesetz oder auf Grund eines Gesetzes eingeschränkt werden kann, muß das Gesetz allgemein und

nicht nur für den Einzelfall gelten. Außerdem muß das Gesetz das Grundrecht unter Angabe des Artikels nennen.
(2) In keinem Falle darf ein Grundrecht in seinem Wesensgehalt angetastet werden.
(3) Die Grundrechte gelten auch für inländische juristische Personen, soweit sie ihrem Wesen nach auf diese anwendbar sind.
(4) Wird jemand durch die öffentliche Gewalt in seinen Rechten verletzt, so steht ihm der Rechtsweg offen. Soweit eine andere Zuständigkeit nicht begründet ist, ist der ordentliche Rechtsweg gegeben. Artikel 10 Abs. 2 Satz 2 bleibt unberührt.

Art. 20 [*Bundesstaatliche Verfassung*].
(1) Die Bundesrepublik Deutschland ist ein demokratischer und sozialer Bundesstaat.
(2) Alle Staatsgewalt geht vom Volke aus. Sie wird vom Volke in Wahlen und Abstimmungen und durch besondere Organe der Gesetzgebung, der vollziehenden Gewalt und der Rechtssprechung ausgeübt.
(3) Die Gesetzgebung ist an die verfassungsmäßige Ordnung, die vollziehende Gewalt und die Rechtssprechung sind an Gesetz und Recht gebunden.
(4) Gegen jeden, der es unternimmt, diese Ordnung zu beseitigen, haben alle Deutschen das Recht zum Widerstand, wenn andere Abhilfe nicht möglich ist.

Art. 140 [*Geltung von Artikeln der Weimarer Verfassung*].
Die Bestimmungen der Artikel 136, 137, 138, 139 und 141 der deutschen Verfassung vom 11. August 1919 sind Bestandteil dieses Grundgesetzes.

2. Weimarer Verfassung (Auszug):

Die Artikel 136–139 und 141 der Weimarer Verfassung lauten wie folgt:
„*Art. 136.*
Die bürgerlichen und staatsbürgerlichen Rechte und Pflichten werden durch die Ausübung der Religionsfreiheit weder bedingt noch beschränkt.
Der Genuß bürgerlicher und staatsbürgerlicher Rechte sowie die Zulassung zu öffentlichen Ämtern sind unabhängig von dem religiösen Bekenntnis.
Niemand ist verpflichtet, seine religiöse Überzeugung zu offenbaren. Die Behörden haben nur soweit das Recht, nach der Zugehörigkeit zu einer Religionsgesellschaft zu fragen, als davon Rechte und Pflichten abhängen oder eine gesetzlich angeordnete statistische Erhebung dies erfordert.
Niemand darf zu einer kirchlichen Handlung oder Feierlichkeit oder zur Teilnahme an religiösen Übungen oder zur Benutzung einer religiösen Eidesform gezwungen werden.
Art. 137.
Es besteht keine Staatskirche.
Die Freiheit der Vereinigung zu Religionsgesellschaften wird gewährleistet. Der

Zusammenschluß von Religionsgesellschaften innerhalb des Reichsgebiets unterliegt keinen Beschränkungen.
Jede Religionsgesellschaft ordnet und verwaltet ihre Angelegenheiten selbständig innerhalb der Schranken des für alle geltenden Gesetzes. Sie verleiht ihre Ämter ohne Mitwirkung des Staates oder der bürgerlichen Gemeinde.
Religionsgesellschaften erwerben die Rechtsfähigkeit nach den allgemeinen Vorschriften des bürgerlichen Rechtes.
Die Religionsgesellschaften bleiben Körperschaften des öffentlichen Rechtes, soweit sie solche bisher waren. Anderen Religionsgesellschaften sind auf ihren Antrag gleiche Rechte zu gewähren, wenn sie durch ihre Verfassung und die Zahl ihrer Mitglieder die Gewähr der Dauer bieten. Schließen sich mehrere derartige öffentlich-rechtliche Religionsgesellschaften zu einem Verbande zusammen, so ist auch dieser Verband eine öffentlich-rechtliche Körperschaft.
Die Religionsgesellschaften, welche Körperschaften des öffentlichen Rechtes sind, sind berechtigt, auf Grund der bürgerlichen Steuerlisten nach Maßgabe der landesrechtlichen Bestimmungen Steuern zu erheben.
Den Religionsgesellschaften werden die Vereinigungen gleichgestellt, die sich die gemeinschaftliche Pflege einer Weltanschauung zur Aufgabe machen.
Soweit die Durchführung dieser Bestimmungen eine weitere Regelung erfordert, liegt diese der Landesgesetzgebung ob.

Art. 138.

Die auf Gesetz, Vertrag oder besonderen Rechtstiteln beruhenden Staatsleistungen an die Religionsgesellschaften werden durch die Landesgesetzgebung abgelöst. Die Grundsätze hierfür stellt das Reich auf.
Das Eigentum und andere Rechte der Religionsgesellschaften und religiösen Vereine an ihren für Kultus-, Unterrichts- und Wohltätigkeitszwecke bestimmten Anstalten, Stiftungen und sonstigen Vermögen werden gewährleistet.

Art. 139.

Der Sonntag und die staatlich anerkannten Feiertage bleiben als Tage der Arbeitsruhe und der seelischen Erhebung gesetzlich geschützt.

Art. 141.

Soweit das Bedürfnis nach Gottesdienst und Seelsorge im Heer, in Krankenhäusern, Strafanstalten oder sonstigen öffentlichen Anstalten besteht, sind die Religionsgesellschaften zur Vornahme religiöser Handlungen zuzulassen, wobei jeder Zwang fernzuhalten ist."

3. Leitsätze der wichtigsten Entscheidungen zum Datenschutz

3.1 Abhör-Urteil

BVerfG. Urteil vom 15. 12. 1970, Az.: 2 BvF 1/69, 2 BvR 629/68 u. 308/69

Fundstelle: BVerfGE, Band 30, S.1–47.

Leitsatz:

1. Wenn dem Betroffenen die Möglichkeit, sich gegen den Vollzugsakt zu wenden, verwehrt ist, weil er von dem Eingriff in seine Rechte nichts erfährt, muß ihm die Verfassungsbeschwerde unmittelbar gegen das Gesetz ebenso zustehen wie in den Fällen, in denen aus anderen Gründen eine Verfassungsbeschwerde gegen den Vollzugsakt nicht möglich ist.
2. Art. 10 Abs. 2 Satz 2 GG kann im Hinblick auf den Grundsatz der Verhältnismäßigkeit nur so verstanden werden, daß er die nachträgliche Benachrichtigung des Überwachten fordert in den Fällen, in denen eine Gefährdung des Zweckes der Überwachungsmaßnahme und eine Gefährdung des Schutzes der freiheitlichen demokratischen Grundordnung oder des Bestandes oder der Sicherung des Bundes oder eines Landes ausgeschlossen werden kann.
3. Art. 10 Abs. 2 Satz 2 GG fordert in Rücksicht auf den Grundsatz der Verhältnismäßigkeit, daß das Gesetz zu Artikel 10 GG die Zulässigkeit des Eingriffs in das Brief-, Post- und Fernmeldegeheimnis beschränken muß auf den Fall, daß konkrete Umstände den Verdacht eines verfassungsfeindlichen Verhaltens rechtfertigen und daß dem verfassungsfeindlichen Verhalten im konkreten Fall nach Erschöpfung anderer Möglichkeiten der Aufklärung nur durch den Eingriff in das Brief-, Post- und Fernmeldegeheimnis beigekommen werden kann. Das Verfassungsgebot der Beschränkung der Überwachungsmaßnahmen auf das unumgänglich Notwendige schließt nicht aus, daß die Überwachung auf Nachrichtenverbindungen einer dritten Person erstreckt wird, von denen anzunehmen ist, daß sie für Zwecke des Verdächtigen benutzt werden.
4. Art. 10 Abs. 2 Satz 2 GG verlangt, daß das Gesetz zu Artikel 10 GG eine Nachprüfung vorsehen muß, die materiell und verfahrensmäßig der gerichtlichen Kontrolle gleichwertig ist, auch wenn der Betroffene keine Gelegenheit hat, in diesem „Ersatzverfahren“ mitzuwirken.
5. Art. 79 Abs. 3 GG verbietet eine prinzipielle Preisgabe der dort genannten Grundsätze, hindert jedoch nicht, durch verfassungsänderndes Gesetz auch elementare Verfassungsgrundsätze systemimmanent zu modifizieren.
6. Die Behandlung des Menschen durch die öffentliche Hand, die das Gesetz vollzieht, muß, wenn sie die Menschenwürde berühren soll, Ausdruck der Beachtung des Wertes, der dem Menschen kraft seines Personseins zukommt, sein.
7. Das Prinzip der Gewaltenteilung erlaubt, daß Rechtsschutz gegenüber Maßnahmen der Exekutive ausnahmsweise nicht durch Gerichte, sondern durch vom Parlament bestellte oder gebildete unabhängige Institutionen innerhalb des Funktionsbereichs der Exekutive gewährt wird.
8. Auch eine Mehrheit des Parlaments kann ihre Rechte mißbrauchen. Eine Fraktion oder Koalition, die das in § 9 Abs. 1 G 10 vorgesehene Gremium einseitig besetzt und auf die einseitige Besetzung der in § 9 Abs. 3 G 10 vorgesehenen Kommission hinwirken würde, würde im Zweifel mißbräuchlich verfahren.

3.2 Scheidungsakten-Beschluß

Beschluß des BVerfG vom 15. 1. 1970, Az.: 1 BvR 13/68.

Fundstelle: BVerfGE 27, S. 344–355.

Leitsatz:

Der Eingriff in das Grundrecht aus Art. 2 Abs. 1 in Verbindung mit Art. 1 Abs. 1 GG, der in der Übersendung der Akten eines Ehescheidungsverfahrens an den Untersuchungsführer in einem Disziplinarverfahren liegt, ist ohne Einverständnis der Ehegatten nur dann zulässig, wenn er im überwiegenden Interesse der Allgemeinheit unter strikter Wahrung des Verhältnismäßigkeitsgebotes gerechtfertigt ist.

3.3 Lüth-Beschluß

Beschluß des BVerfG vom 15. 1. 1958, Az.: 1 BvR 400/51.

Fundstelle: BVerfGE 7, S. 198–230.

Leitsatz:

1. Die Grundrechte sind in erster Linie Abwehrrechte des Bürgers gegen den Staat; in den Grundrechtsbestimmungen des Grundgesetzes verkörpert sich aber auch eine objektive Wertordnung, die als verfassungsrechtliche Grundentscheidung für alle Bereiche des Rechts gilt.
2. Im bürgerlichen Recht entfaltet sich der Rechtsgehalt der Grundrechte mittelbar durch die privatrechtlichen Vorschriften. Er ergreift vor allem Bestimmungen zwingenden Charakters und ist für den Richter besonders realisierbar durch die Generalklauseln.
3. Der Zivilrichter kann durch sein Urteil Grundrechte verletzten (§ 90 BVerfGG), wenn er die Einwirkung der Grundrechte auf das bürgerliche Recht verkennt. Das Bundesverfassungsgericht prüft zivilgerichtliche Urteile nur auf solche Verletzungen von Grundrechten, nicht allgemein auf Rechtsfehler nach.
4. Auch zivilrechtliche Vorschriften können „allgemeine Gesetze" im Sinne des Art. 5 Abs. 2 GG sein und so das Grundrecht auf Freiheit der Meinungsäußerung beschränken.
5. Die „allgemeinen Gesetze" müssen im Lichte der besonderen Bedeutung des Grundrechts der freien Meinungsäußerung für den freiheitlichen demokratischen Staat ausgelegt werden.
6. Das Grundrecht des Art. 5 GG schützt nicht nur das Äußern einer Meinung als solches, sondern auch das geistige Wirken durch die Meinungsäußerung.
7. Eine Meinungsäußerung, die eine Aufforderung zum Boykott enthält, verstößt nicht notwendig gegen die guten Sitten im Sinne des § 826 BGB; sie kann bei Abwägung aller Umstände des Falles durch die Freiheit der Meinungsäußerung verfassungsrechtlich gerechtfertigt sein.

3.4 Mikrozensus-Beschluß

Beschluß des BVerfG vom 16. 7. 1969, Az: 1 BvL19/63

Fundstelle: BVerfGE 27, S. 1–10

Leitsatz: Zur Verfassungsmäßigkeit einer Repräsentativstatistik (Mikrozensus)

In der Mikrozensus-Entscheidung hat das BVerfG ausgeführt, welche Anforderungen an statistische Umfragen im Hinblick auf die Art. 1 Abs. 1 und Art. 2 Abs. 1 GG zu stellen sind. In den Gründen führte es hierzu aus:
„Mit der Menschenwürde wäre es unvereinbar, wenn der Staat das Recht für sich in Anspruch nehmen könnte, den Menschen zwangsweise in seiner ganzen Persönlichkeit zu registrieren und zu katalogisieren, sei es auch in der Anonymität einer staatlichen Erhebung, und ihn damit wie eine Sache zu behandeln, die einer eingehenden Bestandsaufnahme jederzeit zugänglich ist.
Ein solches Eingreifen in den Persönlichkeitsbereich, durch eine umfassende Einsichtnahme in die persönlichen Verhältnisse seiner Bürger, ist dem Staat deshalb versagt, weil dem einzelnen in der freien und selbstverantwortlichen Entfaltung ein Innenraum verbleiben muß, in den er sich zurückziehen kann und zu dem die Umwelt keinen Zutritt hat."

3.5 Lebach-Urteil

Urteil des BVerfG vom 3. 5. 1973, Az.: 1 BvR 536/72

Fundstelle: BVerfGE 35, S. 202–245

Leitsatz:

1. Eine Rundfunk- oder Fernsehanstalt kann sich grundsätzlich für jede Sendung zunächst auf den Schutz des Art. 5 Abs. 1 Satz 2 GG berufen. Die Rundfunkfreiheit deckt sowohl die Auswahl des dargebotenen Stoffes als auch die Entscheidung über die Art und Weise der Darstellung einschließlich der gewählten Form der Sendung.
Erst wenn die Rundfunkfreiheit mit anderen Rechtsgütern in Konflikt gerät, kann es auf das mit der konkreten Sendung verfolgte Interesse, die Art und Weise der Gestaltung und die erzielte oder voraussehbare Wirkung ankommen.
2. Die Vorschriften der §§ 22, 23 Kunsturhebergesetz bieten ausreichenden Raum für eine Interessenabwägung, die der Ausstrahlungswirkung der Rundfunkfreiheit gemäß Art. 5 Abs. 1 Satz 2 GG einerseits, des Persönlichkeitsschutzes gemäß Art. 2 Abs. 1 in Verbindung mit Art. 1 Abs. 1 GG andererseits Rechnung trägt.
Hierbei kann keiner der beiden Verfassungswerte einen grundsätzlichen Vorrang beanspruchen. Im Einzelfall ist die Intensität des Eingriffes in den Persönlichkeitsbereich gegen das Informationsinteresse der Öffentlichkeit abzuwägen.
3. Für die aktuelle Berichterstattung über schwere Straftaten verdient das Informationsinteresse der Öffentlichkeit im allgemeinen den Vorrang vor dem Persön-

lichkeitsschutz des Straftäters. Jedoch ist neben der Rücksicht auf den unantastbaren innersten Lebensbereich der Grundsatz der Verhältnismäßigkeit zu beachten; danach ist eine Namensnennung, Abbildung oder sonstige Identifikation des Täters nicht immer zulässig.
Der verfassungsrechtliche Schutz der Persönlichkeit läßt es jedoch nicht zu, daß das Fernsehen sich über die aktuelle Berichterstattung hinaus etwa in Form eines Dokumentarspiels zeitlich unbeschränkt mit der Person eines Straftäters und seiner Privatsphäre befaßt.
Eine spätere Berichterstattung ist jedenfalls unzulässig, wenn sie geeignet ist, gegenüber der aktuellen Information eine erhebliche neue oder zusätzliche Beeinträchtigung des Täters zu bewirken, insbesondere seine Wiedereingliederung in die Gesellschaft (Resozialisierung) zu gefährden. Eine Gefährdung der Resozialisierung ist regelmäßig anzunehmen, wenn eine den Täter identifizierende Sendung über eine schwere Straftat nach seiner Entlassung oder in zeitlicher Nähe zu der bevorstehenden Entlassung ausgestrahlt wird.

3.6 Heimlich aufgenommene private Tonbandaufnahme in einem Ermittlungsverfahren

Beschluß des BVerfG vom 13. 1. 1973, Az.: 2 BvR 454/71

Fundstelle: BVerfGE 34, S. 238–251

Leitsatz:

1. Das Grundrecht aus Artikel 2 Absatz 1 GG schützt auch Rechtspositionen, die für die Entfaltung der Persönlichkeit notwendig sind. Dazu gehört in bestimmten Grenzen, ebenso wie das Recht am eigenen Bild, das Recht am gesprochenen Wort. Deshalb darf grundsätzlich jedermann selbst und allein bestimmen, wer sein Wort aufnehmen soll sowie ob und vor wem seine auf einen Tonträger aufgenommene Stimme wieder abgespielt werden darf.
2. Damit ist allerdings noch nicht ausgeschlossen, daß in Fällen, wo überwiegende Interessen der Allgemeinheit dies zwingend gebieten, auch das schutzwürdige Interesse des Beschuldigten an der Nichtverwertung einer heimlichen Tonbandaufnahme im Strafverfahren zurücktreten muß.

3.7 Zulässigkeit der Beschlagnahme einer ärztlichen Karteikarte, die Aufzeichnungen über den in einem Strafverfahren beschuldigten Patienten enthält und sich nach dem Tode des behandelnden Arztes im Gewahrsam des die Praxis fortführenden Nachfolgers befand.

Beschluß des BVerfG vom 8. 3. 1972, Az.: BvR 28/71

Fundstelle: BVerfGE 32, S. 373–386.

Leitsatz:

Wird bei einem Arzt die Karteikarte des Beschuldigten ohne oder gegen dessen

Willen beschlagnahmt, so liegt darin in aller Regel eine Verletzung des dem Patienten zustehenden Grundrechts auf Achtung seines privaten Bereichs (Art. 2 Abs. 1 in Verbindung mit Art. 1 Abs. 1 GG). Das gilt auch dann, wenn sich die Karteikarte nicht mehr im Besitz des behandelnden Arztes, sondern im Gewahrsam eines Berufskollegen befindet, der Praxis und Patientenkartei seines Vorgängers übernommen hat.

II. Erläuterungen

1. Vorbemerkung

Der Grundkonflikt des Datenschutzes ist bestimmt durch

- das Interesse in Staat und Privatwirtschaft an Transparenz von Personen zum Zwecke effizienter Planung und fundierter Einzelfallentscheidung
- das Interesse des Bürgers an der Sicherung seiner Grundrechte, insbesondere an Individualität und freier Entfaltung seiner Persönlichkeit, die durch Transparenz von Person und Lebensgeschichte behindert werden können.

§ 1 BDSG sieht die Aufgabe des Datenschutzes darin, durch den Schutz personenbezogener Daten vor Mißbrauch bei ihrer Speicherung, Übermittlung, Veränderung und Löschung (Datenverarbeitung) der Beeinträchtigung schutzwürdiger Belange der Betroffenen entgegenzuwirken. Diese Forderung könnte um das verfassungsrechtliche Postulat erweitert werden, die technischen Möglichkeiten für eine volle Verwirklichung der Grundrechte zu nutzen.

Angesichts der Vielzahl von Informationszugriffsmöglichkeiten und eines damit möglichen Informationsmißbrauchs erscheint es für den Gesetzgeber kaum möglich, die Datenschutzproblematik rechtlich und tatsächlich in kürzester Zeit in den Griff zu bekommen. So wird im Bereich der Rechtswissenschaft teilweise behauptet[1], ein Gesetzgeber, der trotz dieser Schwierigkeiten meine, mit einem einzigen Datenschutzgesetz auszukommen, laufe Gefahr, sich in nichtssagenden Formeln zu verlieren. Der exzessive Gebrauch von Generalklauseln sei die Kehrseite der mangelnden, ja unmöglichen Differenzierungen. Typisch dafür sei der Hinweis auf „überwiegend berechtigte Interessen", „schutzwürdige Belange" und dergleichen mehr, um beispielsweise die Grenzen von Auskunftsrecht und Auskunftsverpflichtung oder die Voraussetzungen des Löschungsanspruchs zu umschreiben. Das Bundesdatenschutzgesetz hat deshalb durch die Subsidiaritätsklausel (§ 45 BDSG) bereichsspezifischen Datenschutzregelungen zusätzlichen Raum geschaffen. Neben dem BDSG und den bereichsspezifischen Datenschutzregelungen genießen die aus dem Grundgesetz abzuleitenden Datenschutzrechte und Datenschutzpflichten weiterhin vorrangige Bedeutung.

---

1 Simitis, Datenschutz – Notwendigkeit und Voraussetzungen, DVR 1973, Bd. 2, H. 2/3, S. 184f.

Die elektronische Datenverarbeitung hat eine inhaltliche Veränderung des Begriffes personenbezogene Information sowohl auf dem gesellschaftspolitischen (rechtlichen) als auch auf dem wirtschaftlichen Sektor gebracht. Personenbezogene Daten sind, wie jeder andere Rohstoff, durch die EDV zur Handelsware geworden[2]. Dieser Umstand erfordert für den Datenschutz eine weitere rechtliche Zuordnung als sie zunächst durch die Begriffe „Privatsphäre", „Intimsphäre" und „Privacy" gekennzeichnet war.[3]. Derartige Aspekte sind zu berücksichtigen, wenn es um die Frage geht, in welchem Umfange der Umgang mit personenbezogenen Informationen einen Eingriff in Grundrechte darstellt.
Allgemein wird Artikel 2 Abs. 1 Grundgesetz (GG) in der Ausformung des allgemeinen Persönlichkeitsrechts als das speziell für den Datenschutz relevante Grundrecht in Verbindung mit Artikel 1 Abs. 1 GG angesehen. Dabei wird mit verschiedenen Argumenten versucht, das Problem „Datenschutz" unter die klassische juristische Doktrin zu subsumieren. Übersehen wird dabei jedoch oft, daß Artikel 2 Abs. 1 GG auch geeignet und ausersehen ist, die Erstarkung auch unbenannter Freiheiten zu Rechten zu fördern.[4] Da Informationen bzw. deren Weitergabe nicht nur Eingriff in die Persönlichkeit bedeuten kann, sondern eng mit der Eigentumsgarantie des Grundgesetzes[5] zusammenhängt, könnte der Schutz personenbezogener Informationen unter diesen Gesichtspunkten als eigenständiges Grundrecht zu definieren sein, wobei man personenbezogene Informationen folglich auch als Substrat des Eigentums verstehen könnte.
Eine ähnliche Ausgangsposition sucht im zivilrechtlichen Bereich neuerdings Meister[6]. Im Haftungsrahmen des § 823 BGB votiert er für ein Recht am eigenen Datum. Dieses subjektive Recht behandelt er wie das Eigentum, wobei er als Verletzungsformen die Spezialregelungen des BDSG einfügt[6a].
Es ist in diesem Zusammenhang ein bis heute in der Datenschutzdiskussion kaum beachteter Rechtsgrundsatz zu berücksichtigen, demzufolge Vertrauensschutz des Bürgers im Verhältnis zum Staat bestehen muß und nicht umgekehrt[7]. Der Vertrauensschutz wird Artikel 19 Abs. 4 GG in Verbindung mit dem Sozialstaatsprinzip entnommen; er bedeutet Individualschutz nach dem Regel-Ausnahmeverhältnis.
Eine Projektion des verfassungsrechtlichen Vertrauensschutzes auf das Bundesdatenschutzgesetz führt im Hinblick auf die im BDSG im 2. Abschnitt getroffenen Regelungen zum öffentlichen Bereich zu zwei Bedenken:

---

2 Kerstin, Angriff ist die beste Verteidigung, adl-Nachrichten 1975, H. 90, S. 12ff.
3 Vgl. dazu Auernhammer, Herbert: Der Regierungsentwurf eines Bundesdatenschutzgesetzes. ÖVD 1974, H. 2, S. 52; Steinmüller in G. Stadler (Hrsg.) Datenschutz. Referate und Diskussion der Tagung „Datenschutz der österreichischen Juristen-Kommission in Wien am 18./19. April 1975. Wien 1975, hier: Fragestellungen der internationalen Datenschutzdiskussion, Punkt 4.1.2.
4 Maunz/Dürig/Herzog, Grundgesetz, Artikel 2, Randziffer 27.
5 S. Artikel 14 Abs. 1 GG und § 2 Abs. 1 BDSG, „. . . oder sachliche Verhältnisse . . .".
6 Datenschutz und Privatrechtsordnung, BB 1976, S. 1584ff.
6a Ebenso Auernhammer, BB 1977, S. 209f.
7 Ossenbühl, Vertrauensschutz im sozialen Rechtsstaat, DÖV, 1971, S. 25.

Da die Weitergabe personenbezogener Daten grundsätzlich im öffentlichen Bereich gem. § 10 BDSG in Verbindung mit §§ 4–8 VwVfG möglich ist, stellt sich die Frage, ob diese Freizügigkeit des Datenverkehrs letztlich nicht einer Aushöhlung des Instituts Datenschutz gleichkommt.
An diese Überlegung knüpft ferner die Frage an, ob sich der Gesetzgeber nicht letztlich selbst gegen das für ihn geltende Verfassungsprinzip des Vertrauensschutzes durch die Konzeption des BDSG wendet.

2. Verfassungsrecht und Bundesdatenschutzgesetz

2.1 Kompetenz des Bundes zur Datenschutzgesetzgebung

Eine Zuständigkeitsregelung des Bundes zum Erlaß des Bundesdatenschutzgesetzes enthält die Vorschrift des Artikels 72 Abs. 1 GG. Danach haben die Länder im Bereich der konkurrierenden Gesetzgebung die Befugnis zur Gesetzgebung, „solange und soweit der Bund von seinem Gesetzgebungsrecht keinen Gebrauch macht“. Durch die Verabschiedung des BDSG hat der Bundesgesetzgeber von seiner Gesetzgebungsbefugnis Gebrauch gemacht.
Für die Begründung der konkurrierenden Gesetzgebungskompetenz muß das Datenschutzgesetz in seine einzelnen Regelungsbereiche aufgeteilt werden. Der Datenschutz regelt den Schutz vor Mißbrauch der Daten beim Einsatz der EDV in der Verwaltung wie auch der freien Wirtschaft. Soweit hier EDV als Arbeits- und Organisationsmittel eingesetzt ist und damit die Bewältigung von Verwaltungsaufgaben betroffen ist, ergibt sich die Kompetenz des Bundes aus Artikel 70 GG in Verbindung mit den Artikeln 84, 85, 86 GG. Dadurch wird eine Bundeszuständigkeit über die öffentlich-rechtliche Verwaltungstätigkeit der Behörden (Bundesbehörden, bundesunmittelbare Körperschaften, Anstalten und Stiftungen des öffentlichen Rechts, Länderbehörden, Gemeinde- und Gemeindeverbände), soweit sie Bundesrecht zum Gegenstand ihrer Verwaltung haben, begründet.
In den Fällen, in denen das Bundesdatenschutzgesetz Regelungen für gewerbliche Betriebe enthält (Banken, Kreditinstitute, Versicherungen, Adressenverlage u. a.), besteht eine Gesetzgebungskompetenz des Bundes gem. Artikel 74 Nr. 11 GG, wonach dem Bund die Regelungsbefugnis über das Recht der Wirtschaft zukommt.
Soweit das Bundesdatenschutzgesetz Abwehransprüche gegen den Staat enthält, ergibt sich die Bundeskompetenz aus der jeweiligen grundgesetzlichen Sachkompetenz.
Darüber hinaus enthält das BDSG Strafvorschriften. Hier ergibt sich eine Bundeskompetenz für den straf- und zivilrechtlichen Persönlichkeitsschutz aus Artikel 74 Nr. 3 GG; für die damit verbundenen zivil-, straf- und verwaltungsrechtlichen Vorschriften folgt die Bundeskompetenz aus Artikel 74 Nr. 1 GG. Kompetenzmäßig sind daher die Regelungen des BDSG verfassungsrechtlich abgedeckt.
Unberührt hiervon bleiben jedoch – laut Art. 77 EGBGB – die landesgesetzlichen

Vorschriften über die Staatshaftung; den Ländern ist es also gestattet, die Vorschriften des Art. 34 GG nach ihrem Ermessen auszufüllen.

2.2 Verfassungsrechtliche Grundlagen des Datenschutzes

Der Gesetzgeber regelt im BDSG den Schutz vor Mißbrauch personenbezogener Daten bei der Datenverarbeitung im öffentlichen und im nicht-öffentlichen Bereich. Für die verfassungsrechtliche Einordnung des Datenschutzes entsteht dadurch die Schwierigkeit, daß sich für die Lösung der im privaten Bereich der Datenverarbeitung anstehenden Datenschutzprobleme Grundrechte nicht immer unmittelbar heranziehen lassen[8]. Damit aber wäre der berechtigte verfassungsrechtliche Anspruch des Bürgers auf Individualschutz im nicht-öffentlichen Bereich nicht ausreichend garantiert.

Um dies dennoch zu erreichen, muß auf die Lehre der „mittelbaren Drittwirkung der Grundrechte“[9] im Privatrecht zurückgegriffen werden. Deshalb wird mit der Begründung, daß wertausfüllungsfähige Generalklauseln des Privatrechts grundrechtskonform ausgelegt werden müssen, die Anwendung der Grundrechte in Privatrechtsverhältnissen untereinander bejaht. Im Rahmen des Datenschutzes führt diese Vorgehensweise zu der Verfassungsforderung nach „Wertschutzlückenschließung“, da gemessen an dem in der Verfassung ausgeformten Wertsystem der überkommene privatrechtliche Normenapparat, etwa beim Schutz gewisser Erscheinungsformen der ureigensten Intimsphäre, versagt. Soweit als Rechtsgrundlage für Art und Ausmaß von Informationserhebung und -verarbeitung nicht eine gesetzliche Regelung, sondern allein die Vertragsfreiheit in Betracht kommt, stößt personenbezogene Informationsverarbeitung nur an die Schranke der Sittenwidrigkeit, die im Privatrecht das Funktionsäquivalent des öffentlich-rechtlichen Übermaßverbotes darstellt. Genau hier setzt auch die „mittelbare Drittwirkung“ in die Generalklauseln des Privatrechts ein. Damit wäre der Kreis zur Verarbeitung personenbezogener Daten im nicht-öffentlichen Bereich geschlossen. Die Folge ist, daß im Privatrechtsverkehr, wie im Verhältnis Bürger – Staat, jedermann Anspruch auf einen verfassungsmäßigen Individualschutz hat.

Nachfolgend werden kurz die verfassungsrechtlichen Grundlagen des Datenschutzes dargestellt, d. h. die vom Datenschutz tangierten Grundrechtsartikel werden unter dem Aspekt des Datenschutzes besprochen, denn durch den Erlaß des Bundesdatenschutzgesetzes werden die verfassungsrechtlichen Maximen natürlich nicht verdrängt; sie bilden vielmehr nach wie vor die obersten Datenschutz-Gebote, die durchaus dazu führen können, daß ein Verhalten beim Umgang mit personenbezogenen Daten rechtswidrig ist, das vom BDSG in dieser Weise nicht verboten wird. In der bisherigen Diskussion um den Datenschutz bildete die Privatsphäre den Zentralbegriff aller Rechtsschutzüberlegungen. Der Persönlichkeitsschutz nimmt in der Rechtsprechung des Bundesverfassungsge-

8 Schwan, Datenschutz, Vorbehalt des Gesetzes und Freiheitsgrundrechte, Verwaltungsarchiv Bd. 66, Heft 2, 1975, S. 120–150.

9 Siehe beispielsweise Maunz/Dürig/Herzog, a.a.O., Art. 1, Randnummer 127ff.

richts einen hohen Stellenwert ein. Wie hoch dieser Persönlichkeitsrechtsschutz vom Bundesverfassungsgericht gewertet wird, zeigt das sogenannte „Lebach-Urteil“[10], das es aus persönlichkeitsrechtlicher Sicht für unzulässig erklärt hat, daß das Fernsehen sich über die aktuelle Berichterstattung hinaus etwa in Form eines Dokumentarspiels zeitlich unbeschränkt mit der Person eines Straftäters und seiner Privatsphäre befaßt.

In allen Entscheidungen des Bundesverfassungsgerichts steht primär der Individualschutz im Vordergrund, da jeder Bürger einen verfassungsrechtlich geschützten Anspruch auf Wahrung seiner Persönlichkeit hat, der aus Artikel 2 Abs. 1 GG abzuleiten ist. Zu den Aspekten des Persönlichkeitsrechts (Privatsphäre) gehören

die Freiheit zum Handeln
das Recht an der Persönlichkeit und
das Recht an der Individualität.

Während unter der Handlungsfreiheit nicht nur die Grundrechtsfreiheiten, sondern auch die Freiheit zur kulturellen Betätigung sowie Ausbildung und Arbeit verstanden wird, weil die freie Willensbildung hier das Schutzobjekt darstellt, umfaßt das Recht an der Persönlichkeit, Existenz, Geist, Gefühl, Seele sowie Beziehungen zu Sachen und Personen. Der Aspekt der Individualität geht von der Dreiteilung in die Individual-, die Privat- und die Geheimsphäre aus[11]. Während letztere sowohl vor der Öffentlichkeit als auch vor dem Einzelnen zu schützen ist, da sowohl ein Geheimhaltungswille als auch objektives Geheimhaltungsinteresse dafür sprechen, ist die Privatsphäre einem beschränkten Personenkreis, der nicht unbedingt genau bestimmt sein muß, ohne weiteres zugänglich, jedoch der breiten Öffentlichkeit verschlossen.

Hier kann nach einer Abstufung vorgegangen werden, weil das häusliche und familiäre Leben für schutzwürdiger gehalten wird, als das Verhalten in der Öffentlichkeit, beispielsweise bei beruflicher und geschäftlicher Tätigkeit. Grundsätzlich ist die Individualität des Einzelnen überall zu schützen. Dem Einzelnen muß daher grundsätzlich die Möglichkeit gegeben werden, über seine eigene Darstellung in der Öffentlichkeit selbst zu entscheiden, wobei der Begriff der Öffentlichkeit nicht etwa auf eine massenmediale Präsentation wie das Recht am eigenen Bild beschränkt werden soll.

Der Bundesgerichtshof[11] benutzte die Begriffe „Individual-, Geheim-, Eigen-, Privat- und Persönlichkeitssphäre“, ohne diese Begriffe voneinander explizit abzugrenzen oder in eine Beziehung zu bringen. Hervorgehoben werden muß die Sphäre, deren Geheimnischarakter vom Bundesverfassungsgericht besonders gewürdigt wurde. In diesem innersten Bereich, in den der Staat auch nicht durch eine Befragung zu statistischen Zwecken ohne Verletzung der Menschenwürde und des Selbstbestimmungsrechts des Einzelnen eingreifen darf[12], muß der Mensch im besonderen Maße geschützt werden.

10 BVerfGE 35, S. 202 (hier Leitsätze unter 2. Kap. I, 3.5).
11 BGHZ 13, S. 339.
12 BVerfGE NJW 1969, S. 1707ff.

Die Individualsphäre endet dort, wo das Individuum sein Verhalten an die Außenwelt anknüpft. Zu diesem Zweck hat es Eingriffe des Staates, soweit sie im öffentlichen Interesse liegen, hinzunehmen. Es kann „auf eine persönlichkeitsrechtliche Begründung des Datenschutzes nicht verzichtet werden, weil sich der Individualschutz in erster Linie am verfassungsrechtlichen Persönlichkeitsbild orientieren muß"[13]. Auf die gegenüber der „Sphärentheorie" geäußerte Kritik sollte hier nicht eingegangen werden; gegenwärtig handelt es sich um eine gefestigte Rechtssprechung, die durch die Diskussion um den Datenschutz wahrscheinlich zu modifizieren sein wird. Bei Verletzung des Rechtsgutes Privatsphäre steht dem Einzelnen ein Schadensersatzanspruch zu, durch den auch der Ersatz des immateriellen Schadens abgedeckt werden kann.
Neben den Art. 1 und 2 GG gibt es weitere für den Datenschutz wichtige Grundrechtsartikel, die implizieren, daß Datenschutz die Sicherung der verfassungsrechtlichen Garantien „Menschenwürde" und „Allgemeine Handlungsfreiheit" als rechtspolitische Vorgabe hat.[14]

2.2.1 Gleichbehandlungsgrundsatz – Artikel 3 GG

Artikel 3 verbietet es, ohne sachlichen Grund gleichgelagerte Fälle verschieden zu behandeln; dabei bestimmen sich die Kriterien „gleich" und „verschieden gelagert" jeweils nach den zur Anwendung kommenden Rechtsnormen. Das bedeutet aber, daß ein Verstoß gegen Artikel 3 GG immer dort vorliegt, wo eine Entscheidung aufgrund von Informationen gefällt wird, die nach dem zugrunde gelegten gesetzlichen Tatbestand keine Relevanz haben und die Entscheidung ohne diese Informationen anders ausgefallen wäre.

2.2.2 Meinungs- und Bekenntnisfreiheit – Artikel 4, 5 GG

Artikel 4 und Artikel 5 GG repräsentieren das liberale und demokratische Staatskonzept. Die in Artikel 5 GG gewährleistete freie Meinungsäußerung ist konstituierend für politische Willensbildung in einer Demokratie. Für den Datenschutz bedeutet dies, daß Informationssysteme (im weiteren Sinne) nicht zu systematischen – und für die Betroffenen unvorhersehbaren Auswertungen – öffentlicher Meinungsäußerungen eingesetzt werden dürfen[15].
Zu der neueren Tendenz[16], Datenschutz als Ausdruck der Meinungsfreiheit anzusehen und zwar auch in der Form der negativen Freiheit, seine Meinung nicht zu

---

13 Hasselnuß/Kaminski, Persönlichkeitsrecht und Datenschutz, in: Datenschutz, Bd. 1, Hrsg. v. Kilian, Lenk, Steinmüller 1973.

14 Siehe hierzu insbesondere Steinmüller (Hrsg.), ADV und Recht, Einführung in die Rechtsinformatik und das Recht der Informationsverarbeitung, Juristische Arbeitsblätter, Berlin 1976, an den sich die nachfolgende Darstellung anlehnt.

15 BVerf GE 35, S. 311ff.

16 Unveröffentlichter Vortrag von Eberle, Datenschutz durch Meinungsfreiheit, gehalten auf der Tagung „Datenschutz und Datensicherung" in Linz (Österreich), 21.–23. September 1976.

äußern, kann und soll zur Zeit keine abschließende Stellungnahme abgegeben werden, da diese Frage noch weiterer Erörterungen bedarf.

2.2.3 Versammlungs- und Koalitionsfreiheit – Artikel 8, 9 GG

Eng mit den Artikeln 4 und 5 GG hängt die Versammlungs- und Koalitionsfreiheit zusammen. Der wesentliche Gesichtspunkt, der sich aus diesen Grundrechten ableiten läßt, nämlich der Schutz kollektiven Handelns, kann durch Datenbanken gefährdet sein. Die Informationswiedergewinnung hat beim Stand der heutigen Technik die Möglichkeit, schneller und in verschiedensten Kombinationen auf eine Information zurückzugreifen.

2.2.4 Unverletzlichkeit der Wohnung, Post- und Fernmeldegeheimnis Artikel 10[17], 13 GG

Besondere Geheimnissphären stellen das Post- und Fernmeldegeheimnis und der Grundsatz der Unverletzlichkeit der Wohnung dar. Für den Datenschutz sind diese Rechtspositionen deswegen von großer Bedeuttung, weil sie das Minimum an Schutz definieren, das in zwei Spezialfällen zu gewähren ist, nämlich die Garantie der vom Betroffenen selbst gewählten und entsprechend seiner Entscheidung einzuhaltenden Vertraulichkeit.

2.2.5 Freiheit der Berufswahl – Artikel 12 GG

Artikel 12 GG richtet sich primär gegen Einschränkungen der freien Berufswahl durch staatliche Maßnahmen. Die Behinderung eines Bewerbers bei der Berufswahl durch die infrage kommenden Arbeitgeber ist dann kein Verstoß gegen Artikel 12 GG, wenn sie sich im Rahmen der Spielregeln des freien Arbeitsmarktes hält. Ein solcher „freier Markt" existiert aber dort nicht mehr, wo sich der einzelne Bewerber mit einer Arbeitgebermehrheit konfrontiert sieht, die Informationen über seine Person umfassend austauscht.

2.2.6 Rechts- und Sozialstaat – Artikel 20 Absatz 1, 3 GG

Artikel 20 GG enthält einige der wichtigsten Verffassungsgrundsätze, nämlich das Rechtsstaats- und das Sozialstaatsprinzip. Im Problembereich Datenschutz bedeutet dies für den Gesetzgeber, daß tendenziell die geesamte personenbezogene Informationsverarbeitung auf gesetzliche Grundlagen zu stellen ist, d. h. die Informationsverarbeitung sollte umfassend geregelt werden, was nicht notwendigerweise heißt, daß dazu ein völlig neuer und komplexer Rechtsnormenkatalog geschaffen werden muß.
Aus dem Sozialstaatprinzip ergibt sich, daß durch personenbezogene Informa-

---

17 Zur gesetzlichen Ausgestaltung des Art. 10 GG siehe Gesetz zur Beschränkung des Brief-, Post- und Fernmeldegeheimnisses (Gesetz zu Artikel 10 Grundgesetz) (G 10-Gesetz) v. 13. 8. 68 (BG Bl. I. S. 949).

tionsverarbeitung sowohl neue Technologien genützt werden sollen, als auch, daß der wirtschaftlich Stärkere seine mit Hilfe der EDV angeeignete Machtposition nicht schrankenlos nutzen darf.

3. Verfassungsrechtliche Perspektiven

Nicht nur für die Verfassungsjuristen, sondern auch für die Informationsverarbeiter und den einzelnen Bürger werden die Erfahrungen mit dem Bundesdatenschutzgesetz zeigen, wie komplex die Materie Datenschutz ist. Möglicherweise bedarf es aber auch nur einer Neudefinition dessen, was durch Datenschutz verhindert werden soll. Um dieser Neudefinition einen Schritt näher zu kommen, wird in der Wissenschaft neuerdings namentlich von Schwan[18] die Eingriffsqualität der Information diskutiert. Die Konsequenz, die eine mögliche Eingriffsqualität nach sich ziehen würde, wäre die Verrechtlichung von Datenflüssen. Ob dies wünschenswert ist, wird sich zeigen. Einen ähnlichen Weg schlug Mallmann[19] ein. Er versuchte das Problem durch den Begriff „informationelles Selbstbestimmungsrecht" des Einzelnen zu lösen. Seitens der Wissenschaft[20] wurde erkannt, daß die Themenstellung „Datenschutz und Datensicherung" zu eng gefaßt ist, um die zugrundeliegende Problematik der automatisierten Informationsverarbeitung einer grundrechtskonformen und damit einer gesellschaftspolitisch adäquaten Regelung zuzuführen. Das BDSG hat diese Frage bewußt offengelassen. In einzelnen Landesdatenschutzgesetzen ist zumindest die Tendenz erkennbar, das „Informationsgleichgewicht" zwischen den verfassungsmäßig getrennten Gewalten Exekutive, Legislative und Judikative zu gewährleisten.[21]

III. Literaturhinweise

Benda: Privatsphäre und „Persönlichkeitsprofil" (Ein Beitrag zur Datenschutzdiskussion) in: Menschenwürde und freiheitliche Rechtsordnung, Festschrift für Willi Geier, S. 23–44, Tübingen 1974;

Bühnemann: Datenschutz im nicht-öffentlichen Bereich. DVR 1974, Beiheft 4;

Dierstein: Ist der Datenschutz bei den öffentlichen Behörden tabu? FAZ v. 20. 3. 76;

Hasselkuß/Kaminski: Persönlichkeitsrecht und Datenschutz. In: Datenschutz, Band 1, Hrsg. von Kilian, Lenk, Steinmüller, Frankfurt 1973;

18 Schwan, Datenschutz, Vorbehalt des Gesetzes und Freiheitsgrundrechte, S. 127.

19 Mallmann, Datenschutz in Verwaltungsinformationssystemen, S. 62.

20 Fiedler in: Steinmüller (Hrsg.), Informationsrecht und Informationspolitik, München 1976

21 s. 6. Tätigkeitsbericht des Hess. Datenschutzbeauftragter, insbesondere § 18 des Entwurfes eines Hess. Landesdatenschutzgesetzes.

Hesse: Grundzüge des Verfassungsrechts, 7. Auflage 1974;
Hess. Datenschutzbeauftragter: 1.–6. Tätigkeitsbericht;
Kamlah: Datenüberwachung und Bundesverfassungsgericht, DÖV 1970, S. 361 ff.;
Leibholz-Rinck: Grundgesetz für die Bundesrepublik Deutschland, Kommentar an Hand der Rechtssprechung des BVerfG, 5. Aufl., 1975;
v. Mangold/Klein: Kommentar zum Grundgesetz, 2. Auflage 1966;
Mallmann: Datenschutz in Verwaltungsinformationssystemen. München/Wien 1976;
Maunz: Deutsches Staatsrecht, 20. Auflage 1975;
Maunz/Düring/Herzog: Grundgesetz. 13. Lieferung 1971;
v. Münch (Hrsg.): Grundgesetz-Kommentar, 1. Band 1974, 2. Band 1976;
Podlech: Verfassungsrechtliche Probleme öffentlicher Informationssysteme, DVR 1972, Band 1, Heft 2/3/S. 149 f;
ders.: Datenschutz im Bereich der öffentlichen Verwaltung, DVR 1973, Beiheft 1;
Schmidt: Der Schutz des Bürgers vor mißbräuchlicher Verwendung der elektronischgespeicherten Daten, Festschrift F. W. Weskenberger 1973, S. 131 ff.;
Schmidt-Bleibtreu/Klein: Kommentar zum Grundgesetz für die Bundesrepublik Deutschland, 3. Auflage 1973;
ders.: Die bedrohte Entscheidungsfreiheit JZ 1974, Heft 8, S. 241 ff;
Schwan: Datenschutz, Vorbehalt des Gesetzes und Freiheitsgrundrechte, VerwArch 1975, Heft 2, S. 120 ff;
Seidel: Datenbanken und Persönlichkeitsrecht, Köln 1972;
Simitis: Chancen und Gefahren der EDV, NJW 1971, Heft 16/17, S. 673 ff;
Stein: Staatsrecht, 5. Aufl. 1976.

3. Kapitel: Internationaler Datenschutz

I. Rechtsnormen

1. Grundsätze der Europäischen Menschenrechtskonvention:
   Art. 8 (Privatsphäre)
   Art. 14 (Geltungsbereich der Konvention)

Art. 8 MRK:

„(1) Jedermann hat Anspruch auf Achtung seines Privat- und Familienlebens, seiner Wohnung und seines Briefverkehrs.
(2) Der Eingriff einer öffentlichen Behörde in die Ausübung dieses Rechts ist nur statthaft, insoweit dieser Eingriff gesetzlich vorgesehen ist und eine Maßnahme darstellt, die in einer demokratischen Gesellschaft für die nationale Sicherheit, die öffentliche Ruhe und Ordnung, das wirtschaftliche Wohl des Landes, die Verteidigung der Ordnung und zur Verhinderung von strafbaren Handlungen, zum Schutz der Gesundheit und der Moral oder zum Schutz der Rechte und Freiheiten anderer notwendig ist.“

Art. 14 MRK:

„Der Genuß der in der vorliegenden Konvention festgelegten Rechte und Freiheiten muß ohne Unterschied des Geschlechts, der Rasse, Hautfarbe, Sprache, Religion, politischen oder sonstigen Anschauungen, nationaler oder sozialer Herkunft, Zugehörigkeit zu einer nationalen Minderhheit, des Vermögens, der Geburt oder des sonstigen Status gewährleistet werden.“

2. Resolution des Europarates über den Schutz der Privatsphäre physischer Personen in Anbetracht der Verwendung elektronischer Datenbanken im *privaten Bereich* (Res. (73) 22):

Der Ministerausschuß,

eingedenk der Tatsache, daß das Ziel des Europarates darin besteht, ein größeres Maß an Einigkeit unter seinen Mitgliedern zu erzielen;
angesichts der bereits weitverbreiteten und ständig zunehmenden Anwendung von elektronischen Datenverarbeitungssystemen zum Zwecke der Aufzeichnung persönlicher Daten über Personen;
in der Erkenntnis, daß zur Verhinderung des Mißbrauchs der Speicherung, Verarbeitung und Verbreitung persönlicher Informationen mit Hilfe elektronischer Datenbanken auf dem privatwirtschaftlichen Sektor möglicherweise gesetzgeberische Maßnahmen ergriffen werden müssen, um den Schutz des einzelnen zu gewährleisten;
in der Auffassung, daß es bis zur eventuellen Ausarbeitung eines internationalen

Abkommens dringend erforderlich ist, unverzüglich Schritte zur Unterbindung weiterer Divergenzen zwischen den einschlägigen Gesetzen der Mitgliedstaaten zu ergreifen;
unter Berücksichtigung der auf der 7. Konferenz der Europäischen Justizminister angenommenen Resolution Nr. 3 über den Schutz der Privatsphäre in Anbetracht der zunehmenden Speicherung persönlicher Daten in EDV-Anlagen;

empfiehlt den Regierungen der Mitgliedstaaten:

a) alle von ihnen als notwendig erachteten Schritte zu unternehmen, um die im Anhang zu dieser Resolution dargelegten Grundsätze zu verwirklichen;
b) den Generalsekretär des Europarates ordnungsgemäß über alle in dieser Richtung unternommenen Schritte zu unterrichten.

Anhang

Die nachfolgenden Grundsätze gelten für in elektronischen Datenbanken des privatwirtschaftlichen Sektors gespeicherte persönliche Informationen:
Im Sinne dieser Resolution umschreibt der Begriff „persönliche Informationen" Informationen über Einzelpersonen (natürliche Personen) und der Begriff „elektronische Datenbank" alle Systeme der elektronischen Datenverarbeitung, die für die Behandlung persönlicher Informationen und die Verbreitung solcher Informationen eingesetzt werden.

1. Die gespeicherten Informationen sollten genau sein und auf dem neuesten Stand gehalten werden.
   Generell sollten Informationen über das engere Privatleben von Personen oder Informationen, die zu einer billigen Diskriminierung führen könnten, nicht gespeichert, oder, sofern sie gespeichert, nicht verbreitet werden.
2. Die Informationen sollten sich auf den Zweck beschränken, zu dem sie gespeichert wurden.
3. Die Informationen sollten nicht mit betrügerischen oder unfairen Mitteln beschafft werden.
4. Es sollten Bestimmungen darüber aufgestellt werden, bis zu welcher Zeitgrenze bestimmte Arten von Informationen gespeichert oder verwendet werden dürfen.
5. Informationen dürfen nicht ohne entsprechende Ermächtigung für andere Zwecke als die, für die sie gespeichert wurden, verwendet oder an Dritte weitergeleitet werden.
6. Die betroffenen Personen sollten ganz allgemein das Recht haben, die über sie gespeicherten Informationen, den Zweck der Speicherung und die Einzelheiten in Zusammenhang mit der Freigabe dieser Information zu erfahren.
7. Es sollte unbedingt dafür gesorgt werden, daß ungenaue Informationen berichtigt und veraltete oder auf ungesetzliche Weise beschaffte Informationen gelöscht werden.
8. Es sollten Vorsichtsmaßnahmen gegen die arglistige oder mißbräuchliche Verwendung von Informationen ergriffen werden.

Elektronische Datenbanken sollten mit Sicherheitssystemen ausgerüstet sein, die unbefugten Personen den Zugang zu den Angaben verwehren, und die der Aufspürung von absichtlich oder unabsichtlich fehlgeleiteten Informationen dienen.

9. Der Zugang zu gespeicherten Informationen sollte auf Personen beschränkt bleiben, die einen triftigen Grund haben, diese Informationen zu erfahren. Das Betriebspersonal der elektronischen Datenbanken sollte durch eine Betriebsordnung gebunden werden, durch welche der Mißbrauch der Angaben verhindert wird, insbesondere durch Bestimmungen über die Wahrung des Berufsgeheimnisses.

10. Statistische Angaben sollen nur in gesammelter Form und auf eine Weise freigegeben werden, die es unmöglich macht, diese Informationen mit einer bestimmten Person in Zusammenhang zu bringen.

3. Resolution des Europarates über den Schutz der Privatsphäre physischer Personen in Anbetracht der Verwendung elektronischer Datenbanken im *öffentlichen Bereich* (Res. (74) 29):

Das Ministerkomitee des Europarates,
in der Erwägung, daß es das Ziel des Europarates ist, zwischen seinen Mitgliedern eine größere Einheit herzustellen;
im Wunsche, zum allgemeinen Verständnis und Vertrauen beizutragen in Anbetracht der neuen Methoden der Verwaltung, die öffentliche Stellen in den Mitgliedstaaten anwenden, um die ihnen übertragenen Verwaltungsaufgaben ordentlich durchzuführen;
erkennend, daß der Gebrauch von elektronischen Datenbanken durch öffentliche Stellen Anlaß gegeben hat für Überlegungen über den weiteren Schutz der Privatsphäre physischer Personen;
in der Erwägung, daß die Annahme allgemeiner Grundsätze in diesem Gebiet zu einer Lösung dieses Problems in den Mitgliedstaaten führen und helfen kann, ungerechtfertigte Unterschiede in diesem Gebiet zwischen den Gesetzgebungen der Mitgliedstaaten zu verhindern;
in Erinnerung an seine Resolution (73) 22 über den Schutz der Privatsphäre physischer Personen gegenüber der Anwendung elektronischer Datenbanken im privaten Bereich;
im Bewußtsein des Art. 8 der Konvention über den Schutz der Menschenrechte und Grundfreiheiten,

empfiehlt den Regierungen der Mitgliedstaaten:

a) alle Maßnahmen zu treffen, die sie für notwendig erachten, um die im Annex dieser Resolution niedergelegten Prinzipien wirksam zu machen;
b) zu gegebener Zeit den Generalsekretär des Europarates über die in diesem Gebiet vorgenommenen Maßnahmen zu informieren.

Anhang

Die folgenden Prinzipien sind anzuwenden auf personenbezogene Informationen, die in elektronischen Datenbanken des öffentlichen Bereiches gespeichert sind. Im Sinne dieser Resolution bedeutet „personenbezogene Informationen" Informationen, die sich auf Individuen (physische Personen) beziehen, und „elektronische Datenbank" bedeutet jede elektronische Datenverarbeitungsanlage, die für die Verarbeitung derartiger Informationen verwendet wird.

1. Grundsätzlich soll die Öffentlichkeit regelmäßig informiert werden über die Einrichtung, Verwendung und Entwicklung von elektronischen Datenbanken im öffentlichen Bereich.
2. Die gespeicherten Informationen sollen
   a) erhoben werden durch gesetzmäßige und sachlich gerechtfertigte Mittel;
   b) richtig sein und auf dem Laufenden gehalten werden;
   c) für den Zweck, für den sie gespeichert werden, geeignet und von Bedeutung sein.

Jede Sorgfalt soll auf die Berichtigung unrichtiger Informationen und auf die Löschung ungeeigneter, unbeachtlicher oder überholter Informationen gelegt werden.

3. Insbesondere wenn in elektronischen Datenbanken Informationen aus der Intimsphäre physischer Personen verarbeitet werden oder wenn die Datenverarbeitung zu unsachlicher Diskriminierung führen kann.
   a) muß ihre Einrichtung durch Gesetz vorgesehen sein oder durch eine besondere Verordnung oder in einem Dokument in Übereinstimmung mit dem Rechtssystem des Mitgliedstaates kundgemacht sein;
   b) dieses Gesetz, diese Verordnung oder die sonstigen Vorschriften müssen klar den Zweck der Speicherung und den Gebrauch dieser Informationen angeben, ebenso die Voraussetzungen, unter denen diese Informationen weitergegeben werden, entweder innerhalb der öffentlichen Verwaltung oder an private Personen oder Institutionen;
   c) die gespeicherten Daten dürfen nicht für andere Zwecke verwendet werden als die angegebenen, ausgenommen eine Ausnahme ist ausdrücklich im Gesetz vorgesehen oder von einer zuständigen Behörde bewilligt worden oder die Vorschriften über die elektronische Datenbank wurden geändert.
4. Bestimmungen sollen festgelegt werden, um Zeitgrenzen anzugeben, jenseits derer bestimmte Kategorien von Informationen nicht mehr gespeichert oder benützt werden dürfen.

   Ausnahmen von diesem Grundsatz sind jedoch zulässig, wenn der Gebrauch der Informationen für statistische, wissenschaftliche oder historische Zwecke ihre Aufbewahrung für unbestimmte Dauer erfordert. In diesem Fall müssen Vorkehrungen getroffen werden, um sicherzustellen, daß die Privatsphäre der betroffenen Personen nicht verletzt wird.
5. Jede Person soll das Recht erhalten, die über sie gespeicherte Information zu erfahren. Jede Ausnahme von diesem Grundsatz oder Beschränkung der Ausübung dieses Rechtes muß genau geregelt sein.

6. Vorkehrungen sollen getroffen werden gegen jeden zweckwidrigen oder mißbräuchlichen Gebrauch von Informationen zu diesem Zweck;
   a) muß jedermann, der mit der Handhabung elektronischer Datenverarbeitung befaßt ist, durch Verhaltensregeln gebunden sein, die eine mißbräuchliche Datenverwendung verhindern und insbesondere eine Verschwiegenheitspflicht enthalten sollen;
   b) müssen elektronische Datenbanken mit einem Sicherungssystem ausgerüstet sein, das den Zugriff zu den Datenbanken verhindern soll für Personen, die nicht zum Erhalt solcher Informationen berechtigt sind, und das Vorkehrungen enthalten muß für die Entdeckung von Fehlleitungen von Informationen, seien sie vorsätzlich oder nicht.
7. Der Zugang zu nicht allgemein erhältlichen Informationen soll auf die Personen beschränkt sein, deren Tätigkeit sie berechtigt, von diesen Informationen zum Zwecke der Vollziehung ihrer Obliegenheiten Kenntnis zu erlangen.
8. Wenn Informationen für statistische Zwecke verwendet werden, dürfen sie nur in einer Form ausgegeben werden, die es unmöglich macht, die Informationen auf eine bestimmte Person zu beziehen.

Anmerkung:

Die Entwürfe der Resolutionen sind vom Ministerkommittee des Europarats angenommen. Sie haben jedoch nur Empfehlungscharakter.

II. Erläuterungen

1. Vorbemerkungen

Die immer stärker werdende politische und wirtschaftliche Verflechtung innerhalb der westlichen Hemisphäre läßt es geboten erscheinen, einen kurzen Abriß der internationalen Datenschutzbestrebungen zu geben, da im Falle einer Novellicrung des Bundesdatenschutzgesetzes von hier aus ein entscheidender Einfluß zu erwarten ist.
Bis heute sind in den westlichen Industrie-Staaten erst zwei nationale Datenschutzgesetze in Kraft getreten. Hierbei handelt es sich um das der USA vom Dezember 1974 sowie um das schwedische Datenschutzgesetz aus dem Jahre 1973. In der Bundesrepublik Deutschland gilt ab dem 1. 1. 1978 das Bundesdatenschutzgesetz; es bestehen ferner die Datenschutzgesetze der Länder Rheinland-Pfalz und Hessen. In Österreich und in Neuseeland stehen Datenschutzgesetzentwürfe kurz vor ihrer Verabschiedung.
Andere Länder, wie Frankreich, Großbritannien, Japan u. a. haben auf dem Gebiet des Datenschutzes vorbereitende Kommissionen eingesetzt, die die Zeit bis zur Schaffung eines Kontrollorganes auf gesetzlicher Grundlage überbrücken sollen. Weitere Länder (Norwegen, Dänemark) bemühen sich in besonders sensitiven Bereichen, wie beispielsweise dem Kredit- oder dem Polizeiwesen gesetzliche

Regelungen zu schaffen. Diesen Weg haben die USA und Schweden zum Teil bereits eingeschlagen.
Auf der Basis der internationalen Vereinigungen wie Europarat, OECD und UNO liegen Resolutionen zu diesem Problemkreis vor.
Mit Simitis[1] läßt sich zusammenfassend feststellen, daß es – international gesehen – drei Phasen in der Entwicklung des Datenschutzes gibt: Entweder besteht bereits ein Datenschutzgesetz oder es steht ein solches Gesetz kurz vor der Verabschiedung oder es sind vorbereitende Kommissionen gegründet worden.

2. Das schwedische Datenschutzgesetz

Das Gesetz regelt generell die Anwendung der Datenverarbeitung im privaten *und* öffentlichen Bereich. Zentraler Begriff des Gesetzes ist das „Personenregister" in § 1. Es handelt sich hierbei um Register oder andere Aufzeichnungen, die mittels automatischer Datenverarbeitung erstellt werden und Personeninformationen enthalten, die der betroffenen Person zugerechnet werden können. Wer ein solches Register führen will, bedarf der Genehmigung der Datenaufsichtskommission (§ 2). Eine Genehmigung wird dann erteilt, wenn der verantwortliche Leiter des zu führenden Personenregisters benannt wird und wenn angenommen werden kann, daß die Integrität der aufgeführten Personen nicht unzulässig beeinträchtigt wird. Besondere Begründungen werden für das Kriminalregister, das Strafregister und die Register betreffend gesetzliche Zwangsmaßnahmen gegenüber Privatpersonen gefordert (§ 4).
Die Genehmigung selbst kann zeitlich begrenzt und unter bestimmten Umständen zurückgezogen werden. Nach Erteilung der Genehmigung kann die Aufsichtsbehörde gegenüber den Registerverantwortlichen, soweit dies zur Verhütung von unerlaubten Eingriffen in die Privatsphäre notwendig ist, gewisse schutzspezifische Auflagen anordnen.
Die Datenaufsichtskommission selbst ist nicht nur eine Konzessionsbehörde, sie hat vielmehr auch Aufsichtsfunktionen wahrzunehmen. Dies zeigt sich in ihrem Recht, jederzeit Räumlichkeiten von Computerzentralen betreten zu dürfen und dort zu inspizieren (§ 16).
Der Betreffende kann Auskunft über die im Register befindlichen Daten verlangen (§ 10); unrichtige oder falsche Daten müssen vom verantwortlichen Leiter des Registers berichtigt oder gelöscht werden.
Das Gesetz sieht sowohl Strafmaßnahmen wie auch Schadenersatzregelungen vor (§ 20). Die Schadenersatzregelung gilt sowohl für materielle als auch für immaterielle Schäden und schließt eine extensive Schadensersatzverantwortlichkeit ein. Insoweit geht das schwedische Gesetz über das deutsche Bundesdatenschutzgesetz hinaus.

---

[1] 5. Tätigkeitsbericht des Hessischen Datenschutz-Beauftragten vom 19. 3. 1976, Drucksache 8/2475, 3.2

Eine kurze vergleichende Würdigung ergibt, daß das schwedische Gesetz in erster Linie ein Organisationsgesetz ist. Es verzichtet auf materiellrechtliche Datenschutzregelungen und beschränkt sich auf die Errichtung einer Datenschutzbehörde. Die Erfahrungen, die mit dem Datenschutzgesetz gemacht wurden, scheinen positiv zu sein[2], wobei eine strenge Interpretation der Handhabung des Gesetzes durch die Datenschutzkommission festgestellt werden konnte.

3. Privacy Act (USA)

Der Privacy Act von 1974 regelt im Gegensatz zum Bundesdatenschutzgesetz nur den Datenschutz im öffentlichen Bereich. Für die Privatwirtschaft existiert für das Kreditauskunftwesen der „Fair Credit Reporting Act“ vom April 1971. Das Gesetz zeichnet sich dadurch aus, daß es Vorsorge trifft, künftig weitere Bereiche der öffentlichen Verwaltung sowie der Privatwirtschaft zu erfassen.
Nach Artikel 2d des US-Datenschutzgesetzes ist es „Zweck des Gesetzes, dem einzelnen gewisse Schutzmaßnahmen gegen eine Verletzung seines Persönlichkeitsrechts zu gewährleisten“. Es wird dem Betroffenen gestattet, darüber zu *bestimmen*, welche personenbezogenen Daten von diesen Behörden gesammelt, unterhalten, benutzt oder weitergegeben werden dürfen (Artikel 2b, I).
Neben diesem stark ausgeprägten Selbstbestimmungsgrundsatz ist ein weiteres wesentliches Grundprinzip des amerikanischen Gesetzes der Grundsatz, daß es keine geheimen Datenbanken innerhalb der öffentlichen Verwaltung geben darf (Artikel 3 (0)). Hierin besteht ein wichtiger Unterschied gegenüber dem bundesdeutschen Datenschutzgesetz. Gerade das BDSG fördert das Errichten geheimer Datenbanken[3], während der amerikanische Privacy Act 1974 polizei- und nachrichtendienstliche Informationssysteme nicht ausklammert, sondern vielmehr ebenfalls mit Auflagen versieht (Artikel 3 (j), (1) u. (2)).
In Art. 5 findet sich die Regelung der externen Kontrolle. Auch wenn die „Privacy Protection Study Commission“ nicht mit den in der Bundesrepublik diskutierten Befugnissen eines Bundes-Datenschutzbeauftragten ausgestattet ist, so muß doch festgehalten werden, daß sie präventiv wirkt. So kann sie beispielsweise Zeugen anhören und vereidigen. Ein weiterer Vorzug liegt in ihrem Beratungsrecht der Regierung gegenüber, was ermöglichen sollte, zu einer schrittweisen Normfindung in den bereichsspezifischen Rechtsgebieten zu kommen.
Insgesamt gesehen muß man festhalten, daß in den Vereinigten Staaten der „Datenschutz“ als zentraler Punkt moderner Gesellschaftspolitik[4] angesehen wird, während in der Bundesrepublik nur eine geringe Fachöffentlichkeit sich diesem Problem gewidmet hat.

---

[2] Stadler, Erfahrungen mit dem schwedischen Datengesetz, DSWR 1976, S. 99ff.
[3] Siehe Steinmüller, Staatswohl vor Bürgerrecht, Bild der Wissenschaft 1976, Heft 7, S. 76ff.
[4] Schindel, Der hessische Datenschutzbeauftragte, Beiträge zum Datenschutz, Heft 3.

4. Entwurf des österreichischen Datenschutzgesetzes

Der österreichische Entwurf, mit dessen Verabschiedung im Jahre 1977 gerechnet wird, weist nennenswerte inhaltliche Unterschiede zum deutschen BDSG auf. Dieser Entwurf sieht einmal vor, ein verfassungsgesetzlich gewährleistetes Grundrecht auf Datenschutz einzuführen. Hintergrund hierfür bildet Art. 8 der Europäischen Menschenrechtskonvention (EMRK), also das Grundrecht auf Privatsphäre, das in Österreich unmittelbar geltendes Recht ist. Der Entwurf sieht ferner in § 1 eine Kompetenzänderung zugunsten der Bundesgesetzgebung vor, was eine Verfassungsänderung beinhaltet. Dies zeigt, daß – wie auch in anderen Ländern – das Problem Datenschutz auf rechtspolitisch höchster Ebene angesiedelt wird.

Neben den üblichen Auskunfts- und Berichtigungsrechten (§§ 10, 11) tritt ein Beschwerderecht des Betroffenen in § 20 hinzu. Die organisatorische Kontrolle der Verarbeitung personenbezogener Daten wird gerichtsähnlichen Behörden übertragen (§§ 15 ff.). Die Installierung einer eigenständigen Behörde wird damit begründet, daß sich Betroffener und Datenbank in einem Zweiparteienverfahren gleichberechtigt gegenüberstehen.

Um die Effektivität der Kommission zu erhöhen, sind die über eine Datenbank verfügenden Stellen an die Entscheidungen der Kommission gebunden, d. h. diese Entscheidungen werden rechtskräftig, wenn nicht der Rechtsweg zum Verwaltungsgerichtshof und anschließend evtl. zum Verfassungsgerichtshof beschritten wird. Ausgehend von der deutschen prozessualen Rechtssystematik müßte man von einem „Sondergericht" sprechen, das im Hinblick auf Fragen des Datenschutzes dem Verwaltungsrechtsweg vorgelagert ist.

Regelt der Entwurf auch hauptsächlich die Verarbeitung personenbezogener Daten in der öffentlichen Verwaltung, so schließt er gleichwohl private Datenbanken nicht aus, unterstellt sie allerdings dem Recht der Wirtschaftsaufsicht (§§ 24–26).[5]

5. Datenschutzaktivitäten im europäischen Ausland[6]

5.1 Frankreich

Im Herbst 1976 hat der französische Justizminister der Nationalversammlung den Entwurf eines Gesetzes zum Schutz der Freiheitsrechte der Bürger bei der Datenverarbeitung vorgelegt („Projet de loi relatif à l'informatique et libertés").

Dieser Entwurf ist in seiner Systematik wie in seinen Auswirkungen in etwa mit dem Bundesdatenschutzgesetz vergleichbar. Bislang wurde er allerdings noch nicht in der Nationalversammlung beraten und es ist auch nicht abzusehen, wann mit einer Verabschiedung dieses Entwurfs als Gesetz gerechnet werden kann.

---

[5] Hondius, Emerging Data Protection in Europe, 1976.

[6] s. 6. Tätigkeitsbericht des Hess. Datenschutzbeauftragten Punkt 3.2 ff., Hess. LT/Drs. 8/3962, 11. 3. 77.

5.2 Großbritannien

In Großbritannien besteht das „Data Protection Committee", das die Vorbereitung einer britischen Datenschutz-Regelung zur Aufgabe hat. Die ursprüngliche Auffassung der Kommission, eine mit Hilfe standesrechtlicher Grundsätze zu realisierende Selbstkontrolle reiche für den Datenschutz aus, wurde inzwischen fallengelassen. Stattdessen wird in Betracht gezogen, dem Parlament eine Kombination zwischen dem schwedischen und dem hessischen Datenschutzgesetz vorzuschlagen.

5.3 Niederlande

In den Niederlanden hatte die Regierung eine Expertenkommission zur Vorbereitung eines Datenschutzgesetzes eingesetzt. Die Kommission hat am 30. November 1976 einen Gesetzesentwurf über Personaldatensysteme vorgelegt.
Der Entwurf übertrifft an Ausführlichkeit alle bisher bekannten Gesetze und Gesetzesentwürfe, denn er umfaßt insgesamt 104 äußerst präzise Einzelvorschriften. Sollte dieser Entwurf Gesetz werden, so würden die Niederlande über einen noch intensiveren Datenschutz verfügen, als er bereits aus Schweden bekannt ist.

6. Grundsätze der internationalen Datenschutzbestrebungen

Als Kriterium für das Aufstellen von Datenschutzgrundsätzen dienen die Resolution des Europarates zum Datenschutz sowie die in den bereits oben behandelten bzw. erwähnten Datenschutzgesetzen und -entwürfen getroffenen Regelungen. Als wichtigste tendenzielle Grundsätze lassen sich dabei herausstellen

Grundsatz der Übermittlungsbeschränkung
Grundsatz des Vorliegens einer gesetzlichen Ermächtigung zur Verarbeitung personenbezogener Daten (Zweckbestimmungsgrundsatz)
Grundsatz der Veröffentlichung
Grundsatz der Fremdkontrolle
Grundsatz der Verstärkung der Rechtsstellung des Betroffenen
Grundsatz der Einführung von Standesregelungen für EDV-Personal

In seiner Tendenz beinhaltet auch das Bundesdatenschutzgesetz diese Grundsätze. Es muß allerdings hinzugefügt werden, daß die erwähnten Prinzipien in ihrer Intensität im Bundesdatenschutzgesetz verschiedentlich relativiert werden.

7. Ausblick

Wagt man einen Ausblick, so muß man darauf hinweisen, daß international angeglichene Datenschutzgesetze rechtspolitisch zwar wünschenswert, aber von ihrer Realisierung noch weit entfernt sind. Dies ist umso bedauerlicher, als der Mangel einer einheitlichen Regelung den unkontrollierten grenzüberschreitenden Datenverkehr begünstigt. In diesem Zusammenhang ist beispielsweise darauf hinzuweisen, daß es eine deutsche Firma unternommen hat, Personaldaten aus dem Inland ins Ausland (Luxemburg) zu verlagern, um eine ungestörte Datenverarbeitung effektiver zu gestalten. Dieses Verhalten stellt eine konsequente Ausnutzung datenschutzrechtlicher Freiräume dar, und es ist zu erwarten, daß dieser Fall kein Einzelfall bleiben wird.

III. Literaturhinweise

Dammann: Zum Stand der Datenschutzdiskussion: Großbritannien, DSWR 1973, S. 107 ff;
Dohr: Datenschutz in Österreich, ÖVD 1974, S. 513 ff.;
Goldstein/Nolan: Personal Privacy versus the Corporate Computer, Harvard Business Review, Vol. 53, No. 2, 1975, S. 62 ff;
Hogrebe: Verwaltungsautomation und Datenschutz in Frankreich, EDV und Recht, Band 9, 1976;
Hondius: Emerging data protection in Europe, North-Holland, Oxford, Amsterdam, New York 1975, IX
Kamlah: Right of Privacy, Köln/Berlin 1969;
Leonhard: Datenschutz in den USA, data report 1973, Heft 5, S. 20 ff;
Mallmann: Datenschutz in Schweden: Das neue Datengesetz, ÖVD 1974, S. 31 ff;
Millèr: Der Einbruch in die Privatsphäre/Datenbanken und Dossier, Berlin/Neuwied 1973;
Schindel: Das amerikanische Datenschutzgesetz von 1974, Beiträge zum Datenschutz, Heft 3, Wiesbaden 1975;
Schomerus: Neue Überlegungen zum Datenschutz in den Vereinigten Staaten, ÖVD 1974, S. 264 ff;
Stadler: Die Österreichische Datenschutzdiskussion während der ersten Hälfte des Jahres 1975, S. 488 ff;
ders.: Records, Computers and the rights of citizens, DSWR 1974, S. 123 ff;
ders.: Datenschutzresolution des Europarates, ÖVD 1975, S. 114 ff;
ders.: Erste Verwaltungserfahrungen mit dem Privacy Act der USA, ÖVD 1/2, 77, S. 17 ff;
Westin: Databanks in a free society; A summary of the project on computer databanks, law and computer technologie 1973, S. 93 ff;
ders.: Privacy and Freedom, New York 1967.

Anhang

Entwurf für ein Hessisches Datenschutzgesetz[1]

Erster Abschnitt

Allgemeine Vorschriften

§ 1 Aufgabe des Datenschutzes
§ 2 Geltungsbereich
§ 3 Begriffsbestimmungen
§ 4 Datengeheimnis
§ 5 Rechte des Betroffenen
§ 6 Verantwortlichkeit für die Datenverarbeitung

Zweiter Abschnitt

Vorschriften für die Datenverarbeitung

§ 7 Datenspeicherung und -veränderung
§ 8 Datenübermittlung innerhalb des öffentlichen Bereichs
§ 9 Datenübermittlung an Stellen außerhalb des öffentlichen Bereichs
§ 10 Informationssysteme für statistische, planerische oder ähnliche Zwecke
§ 11 Verfahren für Auskünfte an den Betroffenen
§ 12 Verfahren bei der Berichtigung, Sperrung und Löschung von Daten
§ 13 Verarbeitung im Auftrag
§ 14 Mitteilungs- und Veröffentlichungspflichten
§ 15 Technische und organisatorische Maßnahmen der Datensicherung
§ 16 Datenverarbeitung im Wettbewerbsunternehmen
§ 17 Datenverarbeitung für wissenschaftliche Zwecke

Dritter Abschnitt

Vorschriften zur Wahrung des Informationsgleichgewichtes

§ 18 Informationsrechte des Landtags und der kommunalen Vertretungsorgane
§ 19 Untersuchungen durch den Datenschutzbeauftragten

Vierter Abschnitt

Datenschutzbeauftragter

§ 20 Rechtsstellung
§ 21 Unabhängigkeit
§ 22 Aufgaben

---

[1] vorgelegt von Prof. S. Simitis, im 6. Tätigkeitsbericht des Hess. Datenschutzbeauftragten vom 10. 3. 1977, Hess, Lt/Drs. 8/3962, 11. 3. 77.

Fünfter Abschnitt

Schlußvorschriften

Entwurf HDSG

Erster Abschnitt

Allgemeine Vorschriften

§ 1 Aufgabe des Datenschutzes

Aufgabe des Datenschutzes ist es,
1. den Bürger vor einer Beeinträchtigung durch die Verarbeitung personenbezogener Daten zu schützen und
2. das verfassungsmäßige Gefüge des Staates, insbesondere der Verfassungsorgane des Landtags und der Organe der kommunalen Selbstverwaltung untereinander und zueinander vor einer Veränderung infolge der automatisierten Datenverarbeitung zu bewahren.

§ 2 Geltungsbereich

(1) Dieses Gesetz gilt
1. für die Behörden und sonstigen öffentlichen Stellen des Landes einschließlich der Gerichte,
2. für die Behörden und sonstigen öffentlichen Stellen der Gemeinden und Gemeindeverbände und deren Vereinigungen,
3. für sonstige der Aufsicht des Landes unterstehende juristische Personen des öffentlichen Rechts,

wenn sie personenbezogene Daten in Dateien verarbeiten oder aus Dateien übermitteln. Für öffentlich-rechtliche Unternehmen, die am Wettbewerb teilnehmen, gelten nur § 4, § 6 Abs. 1, §§ 14 bis 16 und 20 bis 25.

(2) Soweit die Datenverarbeitung frühere, bestehende oder zukünftige dienst- oder arbeitsrechtliche Rechtsverhältnisse betrifft, gelten anstelle der §§ 5, 7 bis 9, 11 und 12 dieses Gesetzes die §§ 23 und 24 Abs. 1 sowie §§ 25 bis 27 des Bundesdatenschutzgesetzes (BDSG) vom 27. Januar 1977 (Bundesgesetzbl. I S. 201).

(3) Dieses Gesetz gilt nicht für die Anstalt des öffentlichen Rechts „Hessischer Rundfunk", soweit sie personenbezogene Daten ausschließlich zu eigenen publizistischen Zwecken verarbeitet; § 15, §§ 20 bis 22 Abs. 1 und § 25 bleiben unberührt.

§ 3 Begriffsbestimmungen

(1) Im Sinne dieses Gesetzes sind personenbezogene Daten Einzelangaben über persönliche oder sachliche Verhältnisse einer bestimmten oder bestimmbaren natürlichen Person (Betroffener).
(2) Im Sinne dieses Gesetzes ist Verarbeiten (Verarbeitung) das Speichern, das Verändern, das Übermitteln, das Sperren und das Löschen personenbezogener Daten.
(3) Im Sinne dieses Gesetzes ist
1. Speichern (Speicherung): Das Erfassen, Aufnehmen oder Aufbewahren von Daten auf einem Datenträger zum Zwecke ihrer weiteren Verwendung,
2. Verändern (Veränderung): Das inhaltliche Umgestalten gespeicherter Daten,
3. Übermitteln (Übermittlung): Das Bekanntgeben gespeicherter oder durch Datenverarbeitung unmittelbar gewonnener Daten an Dritte in der Weise, daß die Daten durch die speichernde Stelle weitergegeben oder zur Einsichtnahme, namentlich zum Abruf bereitgehalten werden,
4. Sperren (Sperrung): Das Verhindern weiterer Verarbeitung oder sonstiger Nutzung gespeicherter Daten,
5. Löschen (Löschung): Das Unkenntlichmachen gespeicherter Daten,

ungeachtet der dabei angewendeten Verfahren.

(4) Im Sinne dieses Gesetzes ist
1. speichernde Stelle jede der in § 2 Abs. 1 genannten Stellen, die Daten für sich selbst speichert oder durch andere speichern läßt,
2. Dritter jede Person oder Stelle außerhalb der speichernden Stelle, mit Ausnahme des Betroffenen sowie derjenigen Personen und Stellen, die in den Fällen der Nummer 1 im Geltungsbereich des Grundgesetzes im Auftrag tätig werden,
3. eine Datei eine gleichartig aufgebaute Sammlung von Daten, die nach bestimmten Merkmalen erfaßt und geordnet, nach anderen bestimmten Merkmalen umgeordnet und ausgewertet werden kann, ungeachtet der dabei angewendeten Verfahren; nicht hierzu gehören Akten und Aktensammlungen, es sei denn, daß sie durch automatisierte Verfahren umgeordnet und ausgewertet werden können.

§ 4 Datengeheimnis

(1) Bedienstete der in § 2 Abs. 1 genannten Stellen, die bei der Datenverarbeitung beschäftigt sind, dürfen personenbezogene Daten zu keinem anderen als dem zur jeweiligen rechtmäßigen Aufgabenerfüllung gehörenden Zweck verarbeiten, bekanntgeben, zugänglich machen oder sonst nutzen.
(2) Das gleiche gilt für Personen, die bei der Datenverarbeitung beschäftigt sind, wenn Daten im Auftrag der in § 2 Abs. 1 genannten Stellen verarbeitet werden.

§ 5 Rechte des Betroffenen

Jeder hat nach Maßgabe dieses Gesetzes für die zu seiner Person gespeicherten Daten ein unverzichtbares Recht auf
1. Auskunft,
2. Berichtigung, wenn die Daten unrichtig sind,
3. Sperrung der Übermittlung an Stellen außerhalb des öffentlichen Bereichs,
4. Sperrung, wenn sich weder die Richtigkeit noch die Unrichtigkeit der Daten feststellen läßt oder wenn die Speicherung nachträglich unzulässig geworden ist,
5. Löschung, wenn die Speicherung unzulässig ist.

§ 6 Verantwortlichkeit für die Datenverarbeitung

(1) Die in § 2 Abs. 1 genannten Stellen haben den Datenschutz auch dann zu gewährleisten, wenn sie personenbezogene Daten durch andere Personen oder Stellen verarbeiten lassen.
(2) Der Schaden, der durch eine unzulässige Datenverarbeitung oder durch die Verarbeitung unrichtiger Daten entsteht, ist wieder gutzumachen. Der Geschädigte kann auch Ersatz des ihm entstandenen Schadens in Geld verlangen; die Ersatzpflicht umfaßt den Schaden, der nicht Vermögensschaden ist.
(3) Die Schadenersatzpflicht nach Abs. 2 besteht nicht, soweit die in § 2 Abs. 1 genannten Stellen am Privatrechtsverkehr teilnehmen.
(4) Die Verpflichtung nach Abs. 2 trifft die in § 2 Abs. 1 genannte Gebietskörperschaft oder juristische Person des öffentlichen Rechts, die nach Abs. 1 den Datenschutz zu gewährleisten hat.

Zweiter Abschnitt

Vorschriften für die Datenverarbeitung

§ 7 Datenspeicherung und -veränderung

(1) Das Speichern und das Verändern personenbezogener Daten ist zulässig, wenn es zur rechtmäßigen Erfüllung der in der Zuständigkeit der speichernden Stelle liegenden Aufgabe erforderlich ist.
(2) Werden personenbezogene Daten beim Betroffenen erfaßt, ist er darüber zu belehren, aufgrund welcher Rechtsvorschrift er zur Auskunft verpflichtet ist. Besteht keine Auskunftspflicht, ist er darüber zu belehren, daß die Datenerfassung und weitere Verarbeitung nur mit seiner Einwilligung zulässig ist, daß ihm aus einer Verweigerung der Einwilligung keine Rechtsnachteile entstehen und daß die Verweigerung weder gespeichert noch in anderer Weise erfaßt wird.
(3) Die Einwilligung bedarf der Schriftform, wenn nicht wegen besonderer Umstände eine andere Form angemessen ist. Geund Umfang der erlaubten Verarbeitung, insbesondere die Datenarten, die Adressaten der Übermittlung, der Verwendungszweck und die Dauer der Aufbewahrung sind in der Einwilligungserklärung klar und verständlich zu bezeichnen.

§ 8 Datenübermittlung innerhalb des öffentlichen Bereichs

(1) Die Übermittlung personenbezogener Daten an Behörden und sonstige öffentliche Stellen ist zulässig, wenn sie zur rechtmäßigen Erfüllung der in der Zuständigkeit der übermittelnden Stelle oder des Empfängers liegenden Aufgabe erforderlich ist.
(2) Personenbezogene Daten, die einem Berufs- oder besonderen Amtsgeheimnis unterliegen und von der zur Verschwiegenheit verpflichteten Person in Ausübung ihrer Berufs- oder Amtspflicht übermittelt worden sind, dürfen vom Empfänger nur mit Einwilligung des Betroffenen weiter übermittelt werden; § 7 Abs. 2 und 3 sind entsprechend anzuwenden.

§ 9 Datenübermittlung an Stellen außerhalb des öffentlichen Bereichs

(1) Die Übermittlung personenbezogener Daten an andere als die in § 2 Abs. 1 genannten Stellen ist zulässig, wenn sie zur rechtmäßigen Erfüllung der in der Zuständigkeit der übermittelnden Stelle liegenden Aufgabe erforderlich ist.
(2) Sie ist ferner zulässig, wenn der Empfänger ein berechtigtes Interesse an der Kenntnis der zu übermittelnden Daten und die Einwilligung des Betroffenen nachweist; § 7 Abs. 3 gilt entsprechend. Auf den Nachweis der Einwilligung kann nur verzichtet werden, wenn keine Übermittlungssperre besteht und die Übermittlung wegen der Art der Daten, ihre Offen-

kundigkeit, wegen des Verwendungszweckes oder aus ähnlichen Gründen schutzwürdige Belange des Betroffenen nicht beeinträchtigt.
(3) Der Betroffene kann verlangen, daß die Übermittlung nach Abs. 2 gesperrt wird.
(4) Für personenbezogene Daten, die einem Berufs- oder besonderen Amtsgeheimnis unterliegen und von der zur Verschwiegenheit verpflichteten Person in Ausübung ihrer Berufs- oder Amtspflicht übermittelt worden ist, gilt § 8 Abs. 2 entsprechend.
(5) Für die Übermittlung an Behörden oder sonstige Stellen außerhalb des Geltungsbereichs des Grundgesetzes sowie an über- und zwischenstaatliche Stellen finden die Absätze 1 bis 4 nach Maßgabe der für diese Übermittlung geltenden Gesetze und Vereinbarungen Anwendung.

§ 10 Informationssysteme für statistische, planerische oder ähnliche Zwecke

(1) Für den Aufbau von Informationssystemen für statistische, planerische oder ähnliche Zwecke der in § 2 genannten Stellen können personenbezogene Daten übermittelt werden.
(2) Die nach Abs. 1 übermittelten personenbezogenen Daten dürfen nicht abgerufen, weiter übermittelt oder für andere als die in Abs. 1 genannten Zwecke genutzt werden.
(3) Die Verpflichtung nach Abs. 2 gilt auch für personenbezogene Daten, die beim Betroffenen für statistische, planerische oder ähnliche Zwecke erhoben worden sind.

§ 11 Verfahren für Auskünfte an den Betroffenen

(1) Dem Betroffenen ist auf Antrag Auskunft über die zu seiner Person gespeicherten Daten zu erteilen.
(2) Die Auskunftserteilung unterbleibt, soweit
1. die Auskunft die Erfüllung der in der Zuständigkeit der speichernden Stelle liegenden Aufgaben gefährden würden,
2. die Auskunft die öffentliche Sicherheit oder Ordnung gefährden oder sonst dem Wohle des Bundes oder eines Landes Nachteile bereiten würde,
3. die Daten oder die Tatsache ihrer Speicherung nach einem Gesetz geheimgehalten werden müssen,
4. die Auskunft sich auf die Übermittlung personenbezogener Daten an die in § 14 Abs. 3 Nr. 1 genannten Behörden bezieht.

(3) Die Auskunft ist kostenfrei. Eine kostendeckende Gebühr kann erhoben werden, wenn die personenbezogenen Daten, auf die sich das Auskunftsersuchen bezieht, vom Betroffenen unmittelbar erfragt worden waren oder wenn der Betroffene ihrer Verarbeitung ausdrücklich zugestimmt hatte. Die Kostenpflicht entfällt, wenn durch besondere Umstände die Annahme gerechtfertigt war, daß personenbezogene Daten unrichtig oder unzulässig gespeichert werden oder wenn die Auskunft zur Berichtigung oder Löschung gespeicherter personenbezogener Daten geführt hat.
(4) Die Landesregierung bestimmt durch Rechtsverordnung das Nähere, insbesondere Form und Verfahren der Auskunftserteilung.

§ 12 Verfahren bei der Berichtigung, Sperrung und Löschung von Daten

(1) Unrichtige personenbezogene Daten sind von Amts wegen oder auf Antrag des Betroffenen zu berichtigen.
(2) Personenbezogene Daten sind von Amts wegen zu sperren,
1. wenn ihre Richtigkeit vom Betroffenen bestritten wird und sich weder die Richtigkeit noch die Unrichtigkeit feststellen läßt,
2. wenn ihre Kenntnis für die speichernde Stelle zur rechtmäßigen Erfüllung der in ihrer Zuständigkeit liegenden Aufgaben nicht erforderlich ist.

Gesperrte Daten sind als solche zu kennzeichnen. Sie dürfen nicht mehr verarbeitet oder sonst genutzt werden, es sei denn, daß in den Fällen der Nr. 2 die Nutzung zu wissenschaftli-

chen Zwecken, zur Behebung einer bestehenden Beweisnot oder aus sonstigen im überwiegenden Interesse der speichernden Stelle oder eines Dritten liegenden Gründen unerläßlich ist oder der Betroffene der Nutzung zugestimmt hat.
(3) Personenbezogene Daten sollen gelöscht werden, wenn ihre Kenntnis für die speichernde Stelle zur Erfüllung der in ihrer Zuständigkeit liegenden Aufgaben nicht mehr erforderlich ist und kein Grund zu der Annahme besteht, daß durch die Löschung schutzwürdige Belange des Betroffenen beeinträchtigt werden. Sie sind zu löschen, wenn ihre Speicherung unzulässig ist oder wenn es in den Fällen des Abs. 2 Nr. 2 der Betroffene beantragt.

§ 13 Verarbeitung im Auftrag

Verarbeiten in § 2 Abs. 1 genannte Stellen personenbezogene Daten im Auftrag anderer Behörden, Stellen oder Personen, ist die Verarbeitung dieser Daten nur auf Weisung des Auftraggebers gestattet.

§ 14 Mitteilungs- und Veröffentlichungspflichten

(1) Die in § 2 Abs. 1 genannten Stellen teilen dem Datenschutzbeauftragten unverzüglich nach der ersten Einspeicherung
1. die Art der von ihnen oder in ihrem Auftrag gespeicherten Daten,
2. die Aufgaben, zu deren Erfüllung die Kenntnis dieser Daten erforderlich ist,
3. den betroffenen Personenkreis,
4. die Stellen, an die die Daten regelmäßig übermittelt werden und
5. die Art der übermittelten Daten und fortlaufend die späteren Veränderungen mit. Zur Aufnahme in das Dateienregister können die in Abs. 3 Nr. 1 genannten Behörden und Stellen gesonderte Mitteilungen machen, die sich auf eine Übersicht über Art und Verwendungszweck der gespeicherten personenbezogenen Daten beschränken.

(2) Ferner sind die in Abs. 1 genannten Angaben nach der ersten Speicherung unverzüglich in einem amtlichen, von der Landesregierung zu bestimmenden Veröffentlichungsblatt bekanntzumachen; dabei ist auf das Dateienregister des Datenschutzbeauftragten hinzuweisen.
(3) Abs. 2 gilt nicht
1. für das Landesamt für Verfassungsschutz, die Behörden der Staatsanwaltschaft und der Polizei sowie für Landesfinanzbehörden, soweit sie personenbezogene Daten zur Überwachung und Prüfung im Anwendungsbereich der Abgabenordnung in Dateien speichern,
2. für gesetzlich vorgeschriebene Register oder sonstige aufgrund von Rechtsvorschriften zu führende öffentliche Dateien.

§ 15 Technische und organisatorische Maßnahmen der Datensicherung

(1) Die in § 2 Abs. 1 genannten Stellen, die für eigene Aufgaben oder im Auftrage anderer Stellen personenbezogene Daten verarbeiten, haben die für den Datenschutz erforderlichen technischen, organisatorischen und personellen Maßnahmen zu treffen und bei automatischer Datenverarbeitung insbesondere die in der Anlage aufgeführten Anforderungen zu gewährleisten.
(2) Die Landesregierung wird ermächtigt, durch Rechtsverordnung die in der Anlage genannten Anforderungen nach dem jeweiligen Stand der Technik und Organisation fortzuschreiben.

§ 16 Datenverarbeitung in Wettbewerbsunternehmen

(1) Unbeschadet des § 2 Abs. 1 Satz 2 gelten für öffentlich-rechtliche Unternehmen, die am Wettbewerb teilnehmen,

1. wenn sie personenbezogene Daten als Hilfsmittel für die Erfüllung ihrer Geschäftszwecke oder Ziele verarbeiten, §§ 22 bis 27 und § 30 des Bundesdatenschutzgesetzes oder,
2. wenn sie personenbezogene Daten für fremde Zwecke verarbeiten, nach Maßgabe des § 31 Abs. 1 Satz 1 die §§ 32 bis 37 und §§ 39, 40 des Bundesdatenschutzgesetzes

entsprechend.

(2) Die Landesregierung bestimmt durch Rechtsverordnung die nach §§ 30, 39 des Bundesdatenschutzgesetzes zuständige Aufsichtsbehörde.

§ 17 Datenverarbeitung für wissenschaftliche Zwecke

(1) Hochschulen und andere öffentliche Einrichtungen mit der Aufgabe unabhängiger wissenschaftlicher Forschung können für bestimmte Forschungsvorhaben personenbezogene Daten speichern und verändern; hierfür können ihnen die in § 2 Abs. 1 genannten Behörden und öffentlichen Stellen personenbezogene Daten übermitteln. Die Datenverarbeitung nach Satz 1 ist nur zulässig, wenn die Betroffenen eingewilligt haben oder wenn ihre schutzwürdigen Belange wegen der Art der Daten, wegen ihrer Offenkundigkeit oder wegen der Art der Verwendung nicht beeinträchtigt werden.

(2) Die nach Abs. 1 gespeicherten, veränderten und übermittelten und die nach Abs. 2 übermittelten personenbezogenen Daten dürfen nur mit Einwilligung der Betroffenen weiter übermittelt werden.

(3) § 7 Abs. 2 und 3 ist entsprechend anzuwenden. § 14 gilt nicht.

Dritter Abschnitt

Vorschriften zur Wahrung des Informationsgleichgewichts

§ 18 Informationsrechte des Landtags und der kommunalen Vertretungsorgane

(1) Die Hessische Zentrale für Datenverarbeitung, die Kommunalen Gebietsrechenzentren und die Landesbehörden, die Datenverarbeitungsanlagen betreiben, sind verpflichtet, dem Landtag, dem Präsidenten des Landtags und den Fraktionen des Landtags die von diesen im Rahmen ihrer Zuständigkeit verlangten Auskünfte aufgrund der gespeicherten Daten zu geben.

(2) Die gleiche Auskunftspflicht obliegt der Hessischen Zentrale für Datenverarbeitung, dem zuständigen Kommunalen Gebietsrechenzentrum sowie den Gemeinden, Gemeindeverbänden und ihren Vereinigungen, wenn sie Datenverarbeitungsanlagen betreiben, gegenüber den Gemeindevertretungen, den Kreistagen und deren Fraktionen. Das Auskunftsverlangen der Fraktionen ist über den Gemeindevorstand bzw. den Kreisausschuß zu leiten.

(3) Die Auskunft darf keine Daten einer bestimmten oder aus der Auskunft bestimmbaren Person enthalten. Sie ist abzulehnen, soweit sie die öffentliche Sicherheit oder Ordnung gefährden oder sonst dem Wohl des Bundes oder eines Landes Nachteile bereiten würde.

§ 19 Untersuchungen durch den Datenschutzbeauftragten

Der Landtag, der Präsident des Landtags, die Fraktionen des Landtags und die in § 18 Abs. 2 genannten Vertretungsorgane können verlangen, daß der Datenschutzbeauftragte untersucht, aus welchen Gründen Auskunftsersuchen nach § 18 nicht oder nicht ausreichend beantwortet worden sind.

Vierter Abschnitt

Datenschutzbeauftragter

§ 20 Rechtsstellung

(1) Der Landtag wählt für die Dauer seiner Wahlperiode auf Vorschlag der Landesregierung einen Datenschutzbeauftragten. Der Datenschutzbeauftragte bleibt nach dem Ende der Wahlperiode bis zur Wahl seines Nachfolgers im Amt. Die Wiederwahl ist zulässig.
(2) Der Landtagspräsident verpflichtet den Datenschutzbeauftragten vor dem Landtag, sein Amt gerecht zu verwalten und die Verfassung des Landes Hessen und das Grundgesetz für die Bundesrepublik Deutschland getreulich zu wahren.
(3) Der Datenschutzbeauftragte steht nach Maßgabe dieses Gesetzes in einem öffentlich-rechtlichen Amtsverhältnis.
(4) Der Datenschutzbeauftragte ist auch nach Beendigung seines Amtsverhältnisses verpflichtet, über die ihm bei seiner amtlichen Tätigkeit bekanntgewordenen Angelegenheiten Verschwiegenheit zu bewahren. Dies gilt nicht für Mitteilungen im dienstlichen Verkehr oder über Tatsachen, die offenkundig sind oder ihrer Bedeutung nach keiner Geheimhaltung bedürfen.

§ 21 Unabhängigkeit

(1) Der Datenschutzbeauftragte ist in der Ausübung seines Amtes unabhängig und nur dem Gesetz unterworfen.
(2) Er kann jederzeit von seinem Amt zurücktreten. Der Landtag kann ihn seines Amtes entheben, wenn Tatsachen vorliegen, die bei einem Richter auf Lebenszeit die Entlassung aus dem Dienst rechtfertigen.

§ 22 Aufgaben

(1) Der Datenschutzbeauftragte überwacht die Einhaltung dieses Gesetzes und anderer Vorschriften über den Datenschutz bei den in § 2 Abs. 1 genannten Stellen sowie – soweit dies in Verträgen mit den genannten Behörden und Stellen vorgesehen ist – auch bei sonstigen Personen oder Personenvereinigungen.
(2) Der Datenschutzbeauftragte berät die Landesregierung und ihre Mitglieder sowie die übrigen in § 2 Abs. 1 genannten Stellen. Er unterrichtet die zuständige Aufsichtsbehörde über festgestellte Verstöße und gibt Anregungen zur Verbesserung des Datenschutzes.
(3) Der Datenschutzbeauftragte beobachtet die Auswirkungen der automatisierten Datenverarbeitung auf die Arbeitsweise und die Entscheidungsbefugnisse der in § 2 Abs. 1 genannten Stellen dahingehend, ob sie das verfassungsmäßige Gefüge der Verfassungsorgane des Landes und der Organe der kommunalen Selbstverwaltung untereinander und zueinander verändern. Er soll Maßnahmen anregen, die ihm geeignet erscheinen, derartige Auswirkungen zu verhindern.

§ 23 Dateienregister

(1) Der Datenschutzbeauftragte führt aufgrund der Mitteilungen nach § 14 Abs. 1 ein Register der automatisch betriebenen Dateien.
(2) Jeder kann in das Register Einsicht nehmen oder vom Datenschutzbeauftragten Auskunft darüber verlangen, gegenüber welcher Behörde oder öffentlichen Stelle er sein Recht nach § 5 geltend machen müßte. Auskunft und Einsicht sind kostenfrei.

§ 24 Anrufung des Datenschutzbeauftragten

Jeder kann sich an den Datenschutzbeauftragten wenden, wenn er annimmt, bei der Verarbeitung seiner personenbezogenen Daten in seinen Rechten verletzt oder gefährdet zu sein. Auf Verlangen sind seine Angaben vertraulich zu behandeln.

§ 25 Auskunftsrecht des Datenschutzbeauftragten

Die in § 2 Abs. 1 genannten Stellen sind verpflichtet, den Datenschutzbeauftragten bei der Erfüllung seiner Aufgaben zu unterstützen. Ihm ist insbesondere
1. Auskunft zu geben,
2. Einsicht in Datenverarbeitungsprogramme und Programmdokumentationen sowie
3. Zutritt zu den Diensträumen zu gewähren.

§ 26 Zusammenarbeit mit anderen Stellen

Der Datenschutzbeauftragte soll mit den für die Überwachung des Datenschutzes im öffentlichen und im nicht-öffentlichen Bereich zuständigen Behörden und Stellen des Landes, der anderen Länder und des Bundes Verbindung halten und darauf hinwirken, daß die Aufgabe des Datenschutzes nach einheitlichen Grundsätzen verwirklicht wird. Er kann hierfür von den für die Überprüfung des Datenschutzes im nicht-öffentlichen Bereich zuständigen Behörden und öffentlichen Stellen die ihm erforderlich erscheinenden Auskünfte verlangen.

§ 27 Jahresbericht

(1) Bis zum 31. März jeden Jahres legt der Datenschutzbeauftragte dem Landtag und dem Ministerpräsidenten einen Bericht über das Ergebnis seiner Tätigkeit vor.
(2) Der Ministerpräsident führt eine Stellungnahme der Landesregierung zu dem Bericht herbei und legt diese dem Landtag vor.
(3) Zwischenberichte sind zulässig. Sie sind nach Abs. 2 zu behandeln.

§ 28 Vergütung, Personal- und Sachausstattung

(1) Die Vergütung des Datenschutzbeauftragten wird durch Vertrag mit der Landesregierung geregelt.
(2) Die Staatskanzlei stellt dem Datenschutzbeauftragten die für die Erfüllung seiner Aufgaben notwendige Personal- und Sachausstattung zur Verfügung.
(3) Die dem Datenschutzbeauftragten zugewiesenen Bediensteten unterstehen insoweit seinen Weisungen.
(4) Für bestimmte Einzelfragen kann der Datenschutzbeauftragte auch Dritte zur Mitarbeit heranziehen, hierfür werden besondere Mittel zur Verfügung gestellt.

Fünfter Abschnitt

Schlußvorschriften

§ 29 Straftaten

(1) Wer unbefugt personenbezogene Daten

1. speichert,
2. verändert,
3. übermittelt,

4. abruft,
5. sich aus Dateien, die in Behältnissen verschlossen sind, verschafft oder
6. gesperrte Daten verwendet

wird mit Freiheitsstrafe bis zu einem Jahr oder mit Geldstrafe bestraft.

(2) Handelt der Täter gegen Entgelt oder in der Absicht, sich oder einen anderen zu bereichern oder einen anderen zu schädigen, so ist die Strafe Freiheitsstrafe bis zu zwei Jahren oder Geldstrafe.

(3) Abs. 1 und 2 finden nur Anwendung, soweit die Tat nicht in anderen Vorschriften mit Strafe bedroht ist.

(4) Die Tat wird nur auf Antrag verfolgt.

§ 30 Übergangsvorschriften

Für personenbezogene Daten, die beim Inkrafttreten des Gesetzes gespeichert sind, gilt die Verpflichtung nach § 14 Abs. 2 mit der Maßgabe, daß die Veröffentlichung binnen eines Jahres nach Inkrafttreten des Gesetzes auszuführen ist.

§ 31 Fortgeltende Vorschriften

Besondere Vorschriften zum Datenschutz in anderen Gesetzen des Landes gehen den Vorschriften dieses Gesetzes vor.

§ 32 Aufhebung bisherigen Rechts

Das Datenschutzgesetz vom 7. Oktober 1970 (GVBl. I S. 625), geändert durch das Gesetz vom 4. September 1974 (GVBl. I S. 361), wird aufgehoben.

§ 33 Inkrafttreten

Dieses Gesetz tritt einen Monat nach Verkündung in Kraft. Abweichend davon treten § 11 Abs. 4, § 14, § 15 Abs. 2, § 23 und § 30 am Tage nach der Verkündung des Gesetzes in Kraft.

Anlage zu § 15 E

Werden personenbezogene Daten automatisch verarbeitet, sind zur Ausführung der Vorschriften dieses Gesetzes Maßnahmen zu treffen, die je nach der Art der zu schützenden personenbezogenen Daten geeignet sind,

1. Unbefugten den Zugang zu Datenverarbeitungsanlagen, mit denen personenbezogene Daten verarbeiet werden, zu verwehren (Zugangskontrolle),
2. Personen, die bei der Verarbeitung personenbezogener Daten tätig sind, daran zu hindern, daß sie Datenträger unbefugt entfernen (Abgangskontrolle),
3. die unbefugte Eingabe in den Speicher sowie die unbefugte Kenntnisnahme, Veränderung oder Löschung gespeicherter personenbezogener Daten zu verhindern (Speicherkontrolle),
4. die Benutzung von Datenverarbeitungssystemen, aus denen oder in die personenbezogene Daten durch selbsttätige Einrichtungen übermittelt werden, durch unbefugte Personen zu verhindern (Benutzerkontrolle),
5. zu gewährleisten, daß die zur Benutzung eines Datenverarbeitungssystems Berechtigten durch selbsttätige Einrichtungen ausschließlich auf die ihrer Zugriffsberechtigung unterliegenden personenbezogenen Daten zugreifen können (Zugriffskontrolle),
6. zu gewährleisten, daß überprüft und festgestellt werden kann, an welche Stellen personenbezogene Daten durch selbsttätige Einrichtungen übermittelt werden können (Übermittlungskontrolle),

7. zu gewährleisten, daß nachträglich überprüft und festgestellt werden kann, welche personenbezogenen Daten zu welcher Zeit von wem in Datenverarbeitungssysteme eingegeben worden sind (Eingabekontrolle),
8. zu gewährleisten, daß personenbezogene Daten, die im Auftrag verarbeitet werden, nur entsprechend den Weisungen des Auftraggebers verarbeitet werden können (Auftragskontrolle),
9. zu gewährleisten, daß bei der Übermittlung personenbezogener Daten sowie beim Transport entsprechender Datenträger diese nicht unbefugt gelesen, verändert oder gelöscht werden können (Transportkontrolle),
10. die innerbehördliche oder innerbetriebliche Organisation so zu gestalten, daß sie den besonderen Anforderungen des Datenschutzes gerecht wird (Organisationskontrolle).

Sachregister

FSC
www.fsc.org
MIX
Papier | Fördert
gute Waldnutzung
FSC® C083411

Kolibri 360 GmbH
Ferdinand-Jühlke-Straße 7
99095 Erfurt, Deutschland
produktsicherheit@kolibri360.de